NATÁLIA FONTES GARCIA

SETE DIAS NO BUTÃO
O QUE APRENDI SOBRE FELICIDADE

a meu pai André,
por ter sido o primeiro a me reconhecer como escritora

a minha mãe Soninha,
por me ensinar a ter fé

ao bendito e amado mestre Sri Prem Baba,
por abrir meu coração

AGRADECIMENTOS:

Camila Leite, Carla Sinisgalli, Carlos Alberto Durães, Celeste Deza, Daniela Fontes Garcia, Diego Borin Reeberg, Dorji Gyeltshen, Fernanda Cassola, Fernando Belatto, Helena Kaulich, Helena Omi, Isabel Valle, Dasho Karma Ura, Laura Sobral, Luciana Minami, Mariana Campanatti, Padma, Rafael Fontes Garcia, Renata Rocha, Renato Fontes Garcia, Valleri,
e a tantos outros que me ajudaram a fazer este livro possível,
meu muito obrigada de coração.

HE – PARMĀTMAN

APNI – JĀNKĀRI – TATHĀ – BHAKTI – KĀ – PRAKĀSH – KARO

ĀVRAN – DOSH – VIKĀR – KĀ – ANTA – KARO

ANNAPURNA – LAKSHMI – RŪP – HOKAR

SAHAJ – SVĀBHĀVIK – PRAKĀSH – KARO

TATHĀ – VARAN – ASHRAM – VEDIK – KRAMĀNUSĀR

SHRISHTI – RŪP – SE – VYAVASTHIT – HO

IS – PRAKĀR – DUKHANTAK – KHEL – KĀ – ANTA

SUKHANTA – KHEL – KĀ – PRAKĀSH

SARVA – SARVATRA – RŪP – ME – HOKAR

SARVA – SARVATRA – RŪP – HO – KAR – KARO

APNĀ – SANKALPA – ĀP – PURNA – KARO

APNĀ – PRAKASH – ĀP – KARO

Confiando que recebo tudo de que preciso, me comprometo a trabalhar encaixada naquilo que amo, sei e posso fazer no mundo para iluminar o jogo da alegria em mim, em todos e em todos os lugares.

INTRODUÇÃO

Acho que sou uma pessoa de sorte. Tive a rara oportunidade de conhecer o Butão e ser recebida com muita generosidade e amorosidade nesse pequeno grandioso país.

Este livro é, em primeiro lugar, um agradecimento e uma forma de compartilhar os tesouros que descobri dentro e fora de mim enquanto estive lá. Ele foi escrito por (pelo menos) duas Natálias: uma jornalista, metódica, objetiva, interessada em dados, depoimentos e histórias, tomando notas durante a viagem. Foi ela quem deu o título "Sete Dias No Butão". A outra é uma buscadora espiritual, interessada nos mistérios da existência e na verdade maior sobre quem somos. Em cada trecho da viagem, essa segunda Natália procurava se manter atenta, observando como o Butão calibrava seu entendimento sobre si mesma, fazendo questão do subtítulo "o que aprendi sobre felicidade".

As ilustrações do livro, também feitas por mim, refletem essas duas facetas. Os desenhos que mostram lugares e pessoas do Butão buscam a máxima objetividade possível para retratá-los. Já os que mostram o que acontecia em meu interior são mais soltos na forma, buscando expressar sensações.

Antes de chegar a suas mãos, este livro teve suas aventuras. Primeiro, foi rejeitado por todas as editoras que abordei. Mas eu sabia que ser escritora tinha seus percalços, então segui. Lembrei da lei das infinitas possibilidades, que diz que somos um campo de pura potencialidade e que há intermináveis caminhos para realizarmos qualquer coisa. Então, pedi com honestidade ao universo para me mostrar se isso era mesmo verdade. No momento em que fiz esse pedido, a imagem de uma amiga me veio à mente. Liguei para ela, que me indicou uma designer, que me indicou a Isabel Valle, criadora da Bambual Editora, que se interessou na hora em publicar.

Logo na sequência, uma pandemia mundial sacudiu a humanidade e, enquanto eu lidava com toda sua turbulência, tive uma clareza: este livro está chegando ao mundo na hora certa.

Comecei a me interessar pelo Butão após ler muitas reportagens e livros em que ele é citado como o país mais feliz do mundo. Fama que se deve à criação da Felicidade Interna Bruta (FIB), um índice que propõe por analogia uma alternativa ao Produto Interno Bruto (PIB). No livro eu vou falar com detalhes sobre a diferença entre os dois, mas basicamente o PIB mede a quantidade de produtos e serviços gerados ao longo de um ano em um país, enquanto o FIB mede 9 diferentes dimensões da existência, que passam pelo crescimento econômico, mas também incluem bem-estar psicológico, qualidade sobre o uso do tempo e vitalidade comunitária. Todas as nações do mundo usam o PIB como régua para medir seu desenvolvimento. O Butão achou que essa régua estava obsoleta e assim criou o FIB.

A cultura do Butão considera a felicidade não apenas como um episódio individual, mas como um fenômeno sistêmico. Para eles, a felicidade tem sim uma dimensão pessoal, mas também precisa de ambiente que a favoreça para acontecer. Ou seja: para os butaneses é impossível ser feliz estando cercado de infelicidade. Criar um ambiente favorável à felicidade humana era e continua sendo a meta do Butão com esse novo indicador de desenvolvimento das nações.

Os butaneses que entrevistei consideram que boa parte dos sistemas inventados para organizar nossa vida em sociedade – financeiro, educacional, urbanístico, político etc. – já perdeu a conexão com o bem-estar humano. E é essa conexão que procuram restaurar em seu engenho de desenvolver uma ciência e uma política da felicidade.

"Muito bonito", pode pensar uma mente tipicamente ocidental perguntando: "mas o que um país minúsculo nos confins do Oriente, povoado em sua maioria por monges pode ter para nos ensinar?"

Nesse momento, começamos a enxergar o papel da pandemia nesse processo. À medida que a Covid-19 foi se espalhando pelo mundo com velocidade assombrosa, o Butão, mesmo com fronteira com a China, local onde se identificou oficialmente pela primeira vez a doença, foi um dos países mais resilientes do mundo ao vírus. Até o momento em que essa introdução foi escrita, o Butão havia registrado 70 casos, com recuperação de 60 pacientes, sem nenhuma morte.

O país tem cerca de 700 mil habitantes, um pouco menos do que a quantidade de pessoas que vive na Zona Oeste de São Paulo, onde o número de casos no mesmo período chegava perto dos 1.000, com quase 200 óbitos. Por que o Butão, com muito menos dinheiro e muito menos hospitais do que a Zona Oeste de São Paulo (e tantos outros lugares do mundo), se mostrou tão mais resiliente à pandemia, ou seja, conseguindo conter o vírus e preservar vidas?

Para investigar a resposta, entrei em contato com Dasho Karma Ura e Dorji Gyeltshen, dois butaneses que irei te apresentar ao longo do livro. Eles me explicaram que a estratégia do Butão diante da Covid foi não apenas a de procurar conter a doença – fechando fronteiras, reduzindo o convívio social, oferecendo testes e cuidados hospitalares gratuitos – mas também a de cultivar a saúde e a imunidade das pessoas – distribuindo vitamina C, polivitamínicos, garantindo que todos no país tenham o que comer, e incentivando práticas de meditação que aumentem a vibração energética coletiva. Ao mesmo tempo, foi garantido pelo governo que nenhum emprego fosse perdido, que ninguém ficasse sem salário e os bancos do país se uniram para flexibilizar as dívidas dos indivíduos e empresas. Quando ouvimos isso, podemos observar com clareza o valor da cultura butanesa e o quanto ela tem, sim, a nos ensinar. A pandemia abriu um espaço talvez inédito para considerarmos que chegou a hora de desenharmos uma nova forma de habitar a Terra e o Butão pode oferecer insights valiosos nesse sentido.

Foi em busca desses aprendizados que passei Sete Dias no Butão. Foi um período intenso, em que tive aulas com o Ministro da Felicidade e o Ministro das Florestas na Universidade Real do Butão, visitei templos, participei de rituais sagrados e secretos, conheci histórias mágicas e pessoas formidavelmente simples e profundas. Espero que você possa desfrutar de todos esses tesouros ao longo das próximas páginas. Boa leitura!

Ah! E fique à vontade para me escrever sobre suas impressões. Eu vou amar. Meu e-mail é nataliafgarcia@gmail.com.

Com carinho,

NATÁLIA FONTES GARCIA

CAPÍTULO 1

O CAMINHO DO MEIO

Era estranho que naquele almoço familiar de domingo, tomado por uma discussão política eterna, eu só conseguisse pensar no Indiana Jones. O Brasil de 2018 passava por uma eleição violentamente polarizada e parecia não existir nenhuma outra possibilidade de conversa no universo. Todos estavam se esforçando para provar que seu lado na polarização era melhor do que o oposto. Empenhada que estava no debate, eu não conseguia compreender por que aquele herói de infância estava me atrapalhando as ideias.

Retirei-me por um instante daquele debate inflamado e fui examinar o pensamento insistente. Indy com seu chapéu marrom, chicote enrolado na cintura e uma música orquestrada anunciando sua chegada. Eu tinha por volta de 7 anos quando o vi pela primeira vez, sentindo arrepiar o corpo. "É isso que eu quero ser", pensava.

Ficava vidrada quando assistia ao filme Indiana Jones e a Última Cruzada, que devo ter alugado mais de 300 vezes na Vídeo Bosque. Nunca me cansei de acompanhar as linhas vermelhas sendo traçadas no mapa com os destinos percorridos por Indy para solucionar mistérios, recuperar relíquias sagradas e salvar a própria pele em meio a um incêndio ou escapar de ser fatiado por uma hélice de navio. Bem, há dois aspectos desse filme relevantes para a história que quero contar aqui.

O primeiro deles é a busca de Indy pelo Santo Graal, o cálice sagrado em que Jesus Cristo tomou vinho durante a Santa Ceia. No filme, cuja história se passa em meados de 1940, alguns grupos de pesquisadores descobrem pistas de onde estaria o Graal e empreendem uma grande corrida para encontrá-lo. Um dos líderes dessa busca era o pai de Indy, Henry Jones, que estava desaparecido antes de seu filho sair em busca da relíquia mais procurada pelo homem em toda história. Henry havia sido capturado por nazistas e era mantido sequestrado em um palácio isolado. Quando Indy vai salvá-lo, Henry o convence de que eles precisam encontrar o Graal juntos, porque se o cálice sagrado chegasse às mãos erradas estaria tudo acabado. O que se perseguia ao ter posse da taça e beber dela era a vida eterna, o primeiro ponto que quero abordar.

Todos provavelmente já reparamos na quantidade de símbolos e obras artísticas que trazem essa ideia de viver para sempre, tema que fascina a humanidade há muito tempo. Às vezes, eu mesma desejei poder durar para sempre, ter toda a eternidade para realizar meus sonhos e projetos. Porém, as coisas mudam, acabam, se transformam. Uma hora nosso tempo vai acabar. E suspeito que, por termos tanto medo da morte, lidamos mal com essa impermanência. Mas, se viver uma vida eterna é algo biologicamente impossível para nossos corpos, o que será que está por trás do símbolo do cálice sagrado? Há algo de eterno em mim e em cada um de nós?

A essa última questão se soma o segundo aspecto de Indy aqui relevante: as duas características antagônicas de sua personalidade. O Dr. Jones das salas de aula da graduação em arqueologia, onde ensinava a ciência da busca racional por fatos, e Indy, que se arriscava para encontrar catacumbas perdidas dentro de bibliotecas centenárias, comprovando que há sempre um "X" marcando o lugar certo a se seguir. Era com o conhecimento técnico da arqueologia que ele compreendia escrituras em aramaico e reconhecia símbolos em vitrais medievais. E era a paixão irracional por aventuras que o levava a atravessar desertos em busca do Cálice Sagrado que lhe faria viver por toda eternidade.

Essas diferenças na personalidade do ídolo da infância me confortam hoje porque eu mesma exercito integrar o que já me pareceu inconciliável: ser uma jornalista que tem fé. Tenho fé na pulsão de vida que recentemente sem pudor passei a chamar de Deus, mesmo sabendo que essa palavra anda tão distorcida. Sei que o jornalismo tem em sua essência a busca pela verdade, o que demanda uma ferramenta chamada ceticismo, da qual faço uso em pesquisas e entrevistas. Mas aprendi também a cultivar uma profunda abertura para os sinais que me guiam através da intuição em cada projeto de que participo. Uma fé de que, enquanto vou usando as ferramentas que tenho, o caminho de cada trabalho vai se apresentando passo a passo – e é preciso ter a coragem de segui-lo.

Pois bem, a busca pela vida eterna – ou pelo que há de eterno na vida – e a integração entre a fé e a razão eram as inspirações que Indy despertou em mim naquela tarde em família. Curiosamente, isso aconteceu no meio daquele almoço tão conflituoso, quando chegamos perto de nos esquecermos que éramos parentes, de tão obcecados que estávamos em ter razão.

Quando cheguei em casa depois do encontro com a família, abri o Instagram para me perder durante algum tempo no *feed* infinito e esquecer da realidade. Então, três palavras que legendavam um vídeo de uma pessoa conhecida me fizeram parar de deslizar a tela: "Learning Journey Butão". Três palavras que ressoaram dentro de mim, pois há muitos anos eu desejava conhecer aquele pequeno país da Ásia, encaixado entre China, Índia, Nepal e Tibet.

A vida (Deus) estava falando comigo, intuí. Ouvi a organizadora da Learning Journey, Renata Rocha, contando sobre essa viagem que havia meticulosamente preparado para um estudo sobre o que é e como se nutre a felicidade. Essa forma de viajar pelo mundo externo para conhecer melhor o mundo interno era o que ela chamava de Learning Journey. E ficou instantaneamente claro que era exatamente disso que eu estava precisando! Voar até o Himalaia para contemplar a felicidade parecia algo muito mais interessante (e útil) do que tentar argumentar com quem eu julgava estar errado nos milhares de debates políticos que rodeavam minha vida naquelas semanas – o que provavelmente é uma das coisas mais anti-felicidade do mundo para se fazer em um contexto de polarização. Lá fui eu, então, com a fé e a razão, estudar a felicidade e voltar a me aventurar pelo mundo, sentindo que estava viva novamente.

...

Enquanto esperava meu visto ser aprovado (breve momento para constatar o quanto eu arrasei ao escolher esse destino das férias!), me deparei com uma questão muito mais prosaica do que as que me levaram a começar a jornada. O que colocar numa mala para visitar o Reino Encantado do Butão? Organizei durante dias uma sóbria pilha de roupas de frio – botas de neve, coletes térmicos, meias para caminhada, calças e blusas do tipo segunda pele – levemente colorida pelo otimismo de algumas peças para o calor. Separei livros e artigos sobre felicidade para ler no *tablet*, blocos de anotações, binóculos, garrafa térmica, canivete, aquarela com três tipos de pincéis, canetas de nanquim, gravador, câmera com dois tipos de lente... Ok, me empolguei.

Quando o avião levantou voo do Brasil, fiz o único desenho com aquarela da viagem inteira. Uma garota dentro de um balão formado por várias bexigas de gás hélio cortando sacos de areia para poder voar alto. Logo abaixo, sem pensar muito a respeito, escrevi a frase: "A Felicidade Interna Bruta – o que eu preciso largar para poder compreendê-la?".

A Felicidade Interna Bruta, ou FIB, era um dos principais temas que estudaríamos na Learning Journey. É um índice que vem sendo desenvolvido há algumas décadas no Butão para medir a felicidade das pessoas e orientar as decisões políticas não apenas pelo crescimento econômico, mas também pelo bem-estar das pessoas. A história que se propagava sobre o Butão era que o rei encomendou o FIB porque queria ver seu povo feliz. Indo para lá, eu queria conhecer a realidade por trás disso.

Eu já sabia que o FIB era inspirado por valores budistas originários dos ensinamentos de um homem que viveu aproximadamente 5 séculos antes de Cristo, chamado Sidarta Gautama. Antes de se tornar um mestre, ele era um cara comum, "provavelmente conhecido por seus amigos como Sid", como brinca o escritor Lodro Rinzler em sua coluna What Would Sid Do. Bem, na verdade, um cara quase comum – Sid era filho do rei. Antes de seu nascimento, seu pai ouviu de um vidente que ele seria um asceta – um tipo de monge que vive isolado meditando. Na tentativa de evitar a realização da previsão, o rei isolou Sid em um castelo maravilhoso, impedindo que tivesse contato com qualquer coisa feia ou ruim. Mas um dia, a curiosidade de saber o que ficava do outro lado do muro apertou e ele deu uma escapada. Passeando pela vila, descobriu que existiam doenças, velhice e morte. Chocado, decidiu abandonar o castelo e renunciou a tudo para tentar compreender aquela nova realidade que se apresentava. Sid se tornou, enfim, um asceta. Seguiu diversos mestres indianos e foi bastante diligente em seus estudos para tentar compreender como se supera o sofrimento. Não conseguiu, porém, e por atravessar tantas limitações (como fome e frio por exemplo) chegou a quase morrer. Um dia, observando uma embarcação que passava pelo rio, percebeu que a escolha de viver naquela miséria não melhorava em nada sua realidade nem a de mais ninguém. Então, decidiu buscar o que viria a se chamar caminho do meio e se pôs a meditar durante algum tempo debaixo de uma árvore. Após esse período, Sid atingiu o que várias culturas e linhagens de busca da verdade através do autoconhecimento chamam de iluminação espiritual, tornando-se Buda.

Um breve comentário sobre a iluminação: na verdade não sei o que ela é, mas sinto que passa por um estado de unidade tão consistente que falar sobre a integração de aspectos antagônicos como fé e razão se torne desnecessário. Como já pudemos ver, claramente ainda não estou lá, mas Sid esteve e, em seu primeiro discurso após a iluminação, anunciou o que ficou conhecido como "as quatro verdades incomensuráveis". Vou reproduzi-las abaixo, mas por favor não se apegue ao que estiver escrito porque estudantes sérios meditam sobre elas por anos.

A primeira é que de fato existe no mundo uma frequência bem objetiva chamada sofrimento, na qual a arrebatadora maioria das pessoas está sintonizada, em maior ou menor grau. A segunda é que o sofrimento possui uma causa, uma origem que pode ser investigada e compreendida através do autoconhecimento. A terceira é que há práticas que funcionam como antídotos para tratar o sofrimento, como meditação e canto de mantras por exemplo. O que nos leva à quarta verdade incomensurável: de que é possível uma vida sem sofrimento. Essas verdades incomensuráveis de Buda vêm sendo comprovadas pela ciência contemporânea. O físico quântico Amit Goswami, por exemplo, afirma que o cérebro de boa parte dos seres humanos está viciado em sofrimento, mas que há práticas para reprogramar as redes neurais com hábitos e emoções positivas.

Os valores budistas que inspiram o FIB, portanto, são aqueles que buscam a superação do sofrimento. E se tem uma coisa em que eu aprendi a acreditar (pausa para um rápido agradecimento à minha terapeuta) é na busca da superação do sofrimento. O ponto é que o FIB tentava trazer esses valores para os sistemas político-econômicos, cultivando a felicidade em escala para muitas pessoas. Está aí uma coisa complexa de se fazer, pensava eu, enquanto o avião me levava pelos ares. Então me lembrei daquela frase que escrevi intuitivamente junto com o desenho do balão. "A Felicidade Interna Bruta – o que eu preciso largar para compreendê-la?" Sem que eu soubesse, aquela acabou sendo a pergunta que nortearia a experiência que vivi no Butão.

CAPÍTULO 2

O OÁSIS DO MUNDO ESPINHOSO

Era difícil de acreditar no tamanho do sorriso de Dasho Karma Ura com 26 brasileiros ruidosos ocupando sua sala de estar, mas era com gosto que ele sorria, servindo-nos pessoalmente uma bebida destilada de arroz. "É tipo um whisky", explicou dosando com uma longa haste de metal a quantidade que encheria meu copo enquanto eu equilibrava um prato de comida com a outra mão. Aquele era o Chefe das Artes, do Exército e uma das maiores autoridades da Felicidade Interna Bruta do Butão abrindo suas portas para um monte de desconhecidos e me servindo uma bebida feita em sua própria casa. Era mesmo difícil de acreditar.

A noite estava tão fria que saía vapor de minha boca mesmo dentro da casa. Sentei-me perto de um caixote de ferro onde pedaços de madeira ardiam em chamas para manter o "whisky de arroz" quente, fazendo também as vezes de lareira. Essa inteligência simples de colocar o fogão à lenha no meio da sala para aquecer a casa era uma boa forma de entrar em contato com a mente clara, assertiva e simples que encontrei nos butaneses.

A jornada até lá tinha sido longa. Um avião de São Paulo até Nova Délhi com escala em Dubai. Algumas horas de sono. E um avião de Délhi até o aeroporto de Paro, de onde seguimos por mais algumas horas até Thimpu, a capital. A companhia aérea que nos levou ao Butão, Drukair, pertence ao rei, que a fundou como parte do movimento de abertura do país para o turismo, em meados dos anos 2000. A vista da janela do avião para chegar lá é repleta das montanhas cobertas de neve que formam a cadeia do Himalaia – e foi até possível avistar o Everest naquela paisagem de eternos triângulos brancos. Essa mesma geografia montanhosa define a paisagem do Butão. Boa parte de suas cidades está instalada nos vales, em meio a íngremes encostas. Por isso, é bastante desafiador chegar ao país considerando que apenas sete pilotos de avião no mundo sabem como pousar em seu aeroporto. Eu só conseguia pensar, um pouco sério e um pouco brincando, "tomara que o nosso seja um deles".

A casa de Dasho Karma Ura ficava em um complexo com algo perto de uma dúzia de residências, onde moravam todos os Ministros do Butão.

– Karma Ura é tão importante quanto os outros Ministros? – perguntei a Ugyen, um dos guias.

– Ah não, ele está acima de todos na hierarquia, nenhum Ministro está acima de Dasho – respondeu ele com a voz baixa e a mão protegendo a boca, como se estivesse contando um segredo. Era seu jeito de mostrar respeito. Depois me explicou que Dasho é um título de nobreza e que o nome oficial do cargo do Karma Ura era Presidente do Centro de Estudos do Butão e da Felicidade Interna Bruta, embora ele fosse chamado informalmente de "Ministro da Felicidade".

Ugyen me levou até a sala de jantar para experimentar a sobremesa, mas eu já estava satisfeita. Fiquei observando Chimi, a mulher do Karma Ura, coordenando as pessoas que serviam os convidados. Era com alegria que seus filhos, irmã e alguns dos guias que acompanhavam nosso grupo levavam e traziam pratos e bebidas.

– Coma mais – disse Chimi, agarrando meu ombro com um carinho e uma intimidade inesperados.

– Obrigada, estava uma delícia – respondi, e então emendei – posso usar o banheiro?

Chimi chamou uma mulher e disse algo a ela em butanês. A mulher sorriu para mim, desamarrou o avental e descalçou os próprios sapatos tipo "crocs" para me emprestar – eu havia deixado meus tênis na entrada, como se faz nas casas e templos de todo o Butão. Entrei no banheiro por uma porta de madeira alta, com um fecho que a trancava pelo lado de dentro que estava um pouco frouxo, mas funcionava. O piso e as paredes tinham azulejos brancos escurecidos pelo uso. Do lado esquerdo, uma pia de louça bem simples e um vaso sanitário com um grande balde de madeira ao lado. Em frente a ele, duas máquinas de lavar roupas. O chão estava levemente alagado. Era surpreendentemente simples o banheiro do Ministro da Felicidade do Butão.

...

Karma Ura preparou boa parte da experiência que viveríamos no Butão, a começar pela aula que tivemos naquela noite em sua casa, numa sala que ficava no andar superior e tinha todas as paredes cobertas de exuberantes bandeiras, panos coloridos e imagens sobre altares. No fundo dessa sala, sentado sobre uma grande cadeira de madeira pintada de laranja, estava um homem que tinha ao mesmo tempo um olhar focado e perdido no nada. Era difícil decifrar se ele prestava profunda atenção em cada pessoa de nosso grupo ou se enxergava através de nós. Aquele era Lama Gembo, o Chefe do Corpo Monástico do Butão, uma autoridade na hierarquia budista.

Lama Gembo esperou que todos se acomodassem e ficou em silêncio até silenciar o grupo. Então, falou por quase duas horas sobre muitas coisas simples e profundas. Ouvi-lo foi uma preparação fundamental para conseguir entrar no Butão com real abertura. Preciso confessar que só a ideia de penetrar numa cultura que se proclamava comprometida com a felicidade das pessoas já era suficiente para criar dentro de mim uma voz extremamente cética que parecia comprometida em "desmascarar o Butão", encontrando suas falhas e contradições. Como se pudesse ouvir essa minha voz interna, Lama Gembo disse "enquanto vocês viajarem pelo Butão, verão coisas que podem estranhar, que não tinham imaginado que veriam. Pode ser bom ou ruim, mas por favor encarem isso como uma experiência; não somos perfeitos, cometemos erros, mas estamos tentando fazer nosso melhor para sobreviver e continuar a ser como somos, preservando nossa identidade através da cultura e das tradições butanesas".

A principal informação para começar a compreender essa identidade do Butão é o fato de que todas as decisões tomadas no país têm como premissa a criação de condições para que cada cidadão possa atingir a iluminação. Isso envolve a forma das construções, o texto da Constituição, a escolha das imagens que adornam cada templo e a forma de receber os turistas, entre outras coisas. Naquela tarde, por exemplo, antes de chegar à casa do Karma Ura tínhamos visitado a sede do governo federal do Butão, o Dzong de Thimpu. Todas as províncias do Butão possuem seu Dzong, que significa fortaleza. Neles ficam os dormitórios dos monges, que meditam e se aprofundam na preservação e compreensão dos valores budistas, e os escritórios dos políticos, que trabalham para aplicar esses valores na vida prática. O Dzong de Thimpu tinha um grande pátio dividindo essas atividades, pelo qual circulavam alguns com a túnica vermelha do monastério e outros com o gho, a vestimenta típica dos homens. No centro, havia um templo monumental onde eu vivi um dos silêncios mais profundos da vida. Imagens douradas gigantescas no altar, tecidos coloridos impecavelmente recortados e bordados pendendo de todo o teto e colunas de madeira minuciosamente esculpidas e pintadas à mão me fizeram sentir uma conexão profunda para além de meu corpo e minha identidade. Nunca eu havia pisado um espaço feito por mãos humanas que expressasse a beleza com tanta pureza e intensidade em todos os lugares por onde meus olhos pudessem passear.

As três monumentais imagens douradas que vimos naquele altar eram as mesmas de boa parte dos templos butaneses. No centro, ficava Buda em posição de meditação. De um dos seus lados, o Guru Rinpoche, uma das manifestações de Lama Padmasambava, um mestre que trouxe o budismo para a região do Butão no século 7, e, do outro, o Zhabdrung Ngawang Namgyal, um mestre de budismo tibetano que foi o fundador do Butão como uma nação, no século 15, instituindo a base da governança que dividia o poder entre a política e a espiritualidade. Essa divisão está representada na atual bandeira do país: um retângulo cortado na diagonal, metade laranja simbolizando o budismo, metade amarelo em alusão à monarquia, tendo no centro um dragão branco representando a força pura do povo.

Mas mesmo podendo enxergar em todas essas representações a busca pela iluminação, ainda estávamos diante de uma ideia muito aberta às interpretações pessoais de cada um. Lama Gembo então nos ajudou a compreender um pouco melhor usando como metáfora o esporte nacional do Butão, que é a arquearia. Ele nos disse que todos nós temos um poder pessoal específico através do qual podemos agir no mundo. Se esse poder fosse um arco e uma flecha, a iluminação seria o alvo. Sem esse alvo, atiramos flechas ao ar aleatoriamente, sem um propósito. O primeiro passo nesse treino de colocar nosso poder pessoal na direção da iluminação, segundo Lama Gembo, é aprender a observar a mente. Ele nos deu algumas instruções sobre como fazer isso: "você deve se sentar com a coluna ereta, respirar e observar os pensamentos em silêncio, sem lutar contra eles, deixando-os passar por você, um a um. Há algo entre esses pensamentos. Algo que, com o tempo, com a prática, sem ficar obcecado, você pode enxergar, flagrar. Esse algo é a mecânica de como a mente funciona. Nossa mente tem uma lógica de operar, mas não conseguimos enxergá-la porque está sempre coberta com pensamentos. O que costumamos fazer é perseguir esses pensamentos criando ainda mais pensamentos e deixando a mente ainda mais encoberta. A observação dos pensamentos é uma técnica para acalmar toda essa infinidade de coisas que fabricamos na mente, para poder ver com mais clareza a realidade."

Lama Gembo nos explicou que quando conseguimos compreender essa mecânica da mente, começamos a deixar de ser governados por ela. E, então, iniciamos nosso despertar, entramos nesse caminho da iluminação. "Imagine que você se encontra com um grande professor que tem muito para lhe ensinar, mas, sem saber dessa qualidade, você acaba não aproveitando o encontro; ou imagine que você encontra uma pedra no chão e pensa 'ok, é só uma pedra', e a joga longe, ignorando o fato de se tratar de um valioso diamante. Saber reconhecer a verdade quando ela se manifesta é a iluminação, o objetivo final a que chamamos de Buda. É um processo, e nosso caminho como seres humanos é vivê-lo, estando conscientes disso ou não."

Foi ficando claro que a busca pela iluminação podia ser compreendida como a busca pela verdade – e que essa era a fundação sobre a qual o governo do Butão tentava construir uma nação orientada pela felicidade.

...

Boa parte das pessoas a quem digo que visitei o Butão para estudar felicidade me faz as mesmas perguntas: "qual é o tamanho do país?", "quantas pessoas vivem lá?", "qual é sua base econômica?" e "qual é o PIB deles?". São perguntas que oferecem respostas simples e objetivas: cerca de 700 mil pessoas (o equivalente à zona Oeste da cidade de São Paulo) moram espalhadas por 40 mil quilômetros quadrados (o tamanho do estado do Rio de Janeiro) e vivem principalmente da exportação de energia hidrelétrica para a Índia, do turismo e da agricultura, produzindo 4,2 bilhões de dólares por ano (a 168ª. economia do mundo).

Essas respostas tendem a provocar uma impressão de que o Butão está tão fora do jogo global da competição que dificilmente teria insights relevantes ou aplicáveis a cidades e países enormes e cheios de problemas complexos como os nossos. Mas é aí que está a beleza da coisa: apesar de compreender que não é possível ignorar o jogo da corrida global pelo crescimento econômico para sobreviver, o Butão está na verdade propondo um jogo diferente. Um jogo que oferece uma nova perspectiva das coisas. "Somos novatos nessa corrida pela globalização, mas isso também pode ser visto como positivo porque podemos ver o que funciona e o que não funciona no mundo. Então, de certa forma, nos vemos como sortudos de estarmos nos abrindo tão tarde para a globalização", disse Lama Gembo.

Compreender esse novo jogo passava por abandonar um pouco do *mindset* ocidental tão focado em ideias como eficiência e crescimento, que apesar de importantes não são totalizantes para a existência.

Boa parte de nós ocidentais usamos essas duas métricas – eficiência e crescimento – para determinar se nossa vida vai bem ou mal, mas isso na verdade é um achatamento da realidade. A vida se estende para muito além do que essas réguas podem medir. E é bem possível que nesse momento ao ler isso você concorde comigo, mas sinta algum medo dessa verdade. Eu sei como é esse medo. Mesmo quando tive a límpida clareza do quão limitante é viver pautada por eficiência e crescimento, fazendo meus amigos, família, amores e prazeres caberem nessa moldura, eu acabei não sustentando por muito tempo uma vida mais livre dessa amarra. Criei um trabalho autoral porque queria usar meu tempo de um jeito mais interessante, mas pouco a pouco fui acreditando que era preciso sacrificar esse sonho para dar conta da vida. Tentei começar um jogo diferente, mas meu sistema estava tão acostumado às regras da competitividade crua que quando vi estava novamente correndo contra o relógio – ou, melhor dizendo, correndo de mim mesma. Enxerguei a ilusão que me fazia acreditar que sucesso era passar horas por dia no trânsito para me locomover para um trabalho que não alimentava minha alma, mas de alguma forma essa ilusão havia me tragado novamente.

No Budismo, Samsara é o nome dado à natureza de ilusões como a que acabo de mencionar. Samsara é um grande círculo cheio de quadrantes, com desenhos de diferentes entidades, simbolizando a vida com suas provações e desafios. É uma metáfora para os desafios que se repetem ao longo da vida apenas se reformulando em situações novas. (Não sei você, mas já vivi isso várias vezes e sempre me pergunto com uma certa raiva... como posso ter caído no mesmo buraco de me sobrecarregar de trabalho outra vez?). Samsara é também compreendido como um véu de ignorância e confusão que nos faz julgar o mundo e a nós mesmos. Por exemplo, são muitas as lorotas que eu fabrico nessa minha mente ocidental viciada em Samsara enquanto escrevo esse livro. "Preciso correr muito porque estou muito atrasada na vida, então talvez seja melhor deixar para escrever em outro momento", "as pessoas vão descobrir que sou uma farsante bobalhona quando abrirem um livro que diz 'Butão' na capa e lerem sobre minha fascinação pelo Indiana Jones", "quem sou eu para escrever sobre felicidade, política e economia?", "o mundo está desabando em manchetes bombásticas. Por que estou perdendo tempo escrevendo sobre coisas tão inúteis?" – posso seguir por páginas nesse papinho furado. Mas o fato é que este livro está brotando de minha Alma a cada palavra que tenho a coragem de batucar nesse teclado sem me deixar enredar totalmente por Samsara. Lama Gembo nos disse que o que nos mantém presos ao Samsara é o apego a esse jeito de operar. Para se libertar, segundo ele, é preciso cortar as cordas do apego. Esse ensinamento não apenas me ajuda a continuar escrevendo como foi também de enorme importância para conseguir entrar no Butão desapegando de meus parâmetros sobre o que julgava "certo" e "errado" para poder conhecer aquele país.

Saímos exaustos da casa do Karma Ura. A noite estava bonita e congelante. Já deitada na cama, com um misto de euforia e *jet-lag*, demorou até que eu conseguisse dormir. Ainda tinha muitas curiosidades sobre como (e se) o FIB funcionava na prática. Nosso dia seguinte seria dedicado a isso. Agora, passados alguns meses, é que posso compreender a genialidade de Karma Ura na sequência de como nos revelou cada fato, cada informação, cada experiência que tivemos no Butão. Foi fundamental ter começado com essa compreensão teórica e racional para conseguir viver de peito aberto tudo o que veio depois.

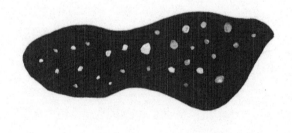

CAPÍTULO 3

UM MERGULHO NO RIO DA FELICIDADE

Deve ter sido a diferença de fuso horário que me fez despertar antes de o sol nascer. Foi bom me levantar com calma, meditar, tomar banho, preparar a mochila. A mesa de café da manhã do hotel se dividia entre opções mais ocidentais, com pães, queijos, frutas, e as comidas típicas butanesas, com caldos picantes, arroz, grãos ensopados em um molho de tomates e pimentões, um tipo de panqueca frita recheada com 'chilli-cheese', que é um creme de queijo extremamente apimentado. Fui dar uma de local, acabei com a língua ardendo.

Teríamos um dia cheio, mas eu só conseguia pensar no quanto queria caminhar um pouco pelas ruas de Thimpu para sentir a alma da cidade. Como ainda tínhamos uma hora até o horário programado para o grupo sair, lá fui eu. Atravessei a porta de vidro do hotel, passei pelo piso de paralelepípedos até o portão de entrada e adentrei pelas ruas. Era bem cedo, o movimento estava tranquilo. Subi uma ladeira por uma calçada estreita. Os prédios eram baixos e bem parecidos entre si. Estruturas de madeira e pedra revestidas de concreto ornamentadas com pinturas de dragões. Cada detalhe das vigas aparentes dos telhados impecavelmente colorido, formando padrões visuais que se repetiam por todo lado. Até o mais simples edifício se parecia com um templo. Não havia semáforos, nem muito barulho, nem luzes de neon, nem shoppings, nem vendedores ambulantes, nem placas de sinalização, nem muitas vitrines. Meses depois, quando descrevi a cidade dessa maneira a um amigo, ele comentou "que tédio!". Mas era o contrário disso, a cidade tinha uma forma muito peculiar de estar viva e ser vibrante. Em qualquer canto para que se olhasse era possível enxergar ao menos um pedaço de montanha no horizonte, quase sempre com um templo distante envolto de bandeiras coloridas esvoaçantes ou com uma sequência de compridos eixos de madeira com bandeiras brancas verticais erguidas em homenagem a pessoas que morreram. Sinos lançando seu barulho ao vento eram como grilos no anoitecer de uma floresta. Monges caminhavam com passadas velozes, muitas crianças com mochilas indo para a escola sem nenhum adulto a levá-las, homens e mulheres, sozinhos ou em bandos, alguns apressados, outros parecendo caminhar apenas por caminhar. Um grande espaço para viver o silêncio e contemplar a realidade fazia daquela a cidade mais espiritual onde já tinha pisado. Entrei em uma pequena loja pois precisava de um hidratante facial.

– De onde você é? – perguntou a atendente do caixa, em um inglês com sotaque butanês carregado.

– Sou do Brasil – respondi, ganhando um grande sorriso.

– O que está achando de nosso país? – ela parecia sinceramente querer saber.

– Cheguei há pouco, mas já estou maravilhada – eu disse sem pensar muito.

– Sim, eu sei, esse é um lugar muito especial – ela falou com intimidade, como se fosse minha amiga.

Então, lhe fiz a inevitável pergunta:

– Você é feliz?

– Claro! – respondeu, sem titubear.

Desconfiei:

– Por quê?

– Bem... – ela se demorou – não existe um motivo, apenas sou.

Sorri, sem saber mais o que dizer. Ela perguntou do que eu precisava e falei do hidratante facial. Então, fui conduzida até uma prateleira com algumas opções. Olhei em volta e havia um mundo de coisas espremidas em quatro prateleiras. Desde Gillette e desodorante Rexona até produtos indianos ayurvédicos, passando por brinquedos de plástico, bolsas, panos e frutas locais. (Olá, globalização.) Escolhi meu hidratante e fui ao caixa pagar. Ela me desejou uma boa estadia no Butão e agradeci.

Quando saí de volta à rua, encontrei alguns cachorros passeando e várias estruturas de madeira onde parecia acontecer uma feira de artesanatos, mas tudo ainda estava fechado. Caminhei por elas, então voltei à avenida principal e comecei a descer de volta ao hotel. Se as cidades tivessem auras traduzíveis em uma única palavra, a de Thimpu seria simplicidade – nas pessoas, nas estruturas, nos caminhos, na lógica de ir e vir. Não havia faixas de pedestres, mas a cada vez que eu atravessava a rua os motoristas paravam seus carros e me olhavam nos olhos. Simples. Na recepção do hotel, nossos guias Tashi e Ugyen já apressavam o grupo para partirmos.

...

Projetado em um telão luminoso, vimos um traço preto delineando o território do Butão preenchido por algumas manchas verdes, compondo o mapa das florestas do país. Foi essa a primeira imagem da apresentação de Somam Wangdi, o Ministro das Florestas, para começarmos nossos estudos sobre felicidade. Nosso grupo estava acomodado ao longo de uma mesa retangular comprida, em uma das salas da Universidade Real do Butão, onde passaríamos o dia compreendendo melhor por que foi criado o FIB e como ele vinha funcionando. Nossa primeira aula foi com Wangdi porque a preservação das matas é considerada um aspecto central da felicidade, o que explica a existência de um Ministério das Florestas no Butão – um fato que estou ressaltando apenas para o caso de ter passado despercebido.

Naquele mapa do Butão dava para ver claramente que as manchas verdes ocupavam a maior parte do território. Wangdi nos passou o dado preciso: 72% do solo butanês é floresta, bem mais do que os 51% que são demarcados como área de proteção ambiental. Essa preservação não se deve apenas à cultura ancestral do Butão – antes de chegar o budismo, eles eram adeptos de uma religião chamada "bon", uma espécie de xamanismo indígena profundamente conectado com a terra – mas também à Constituição, que diz que 60% do solo butanês deve permanecer coberto por florestas intocadas para sempre. Isso mesmo. Para sempre.

Entre outras coisas, isso faz com que o Butão seja o único país do mundo que absorve, mais do que emite, gás carbônico na atmosfera. São 2 toneladas de CO_2 lançadas no ar enquanto as florestas consomem 6 toneladas, todo ano. Em um contexto de mudanças climáticas, a redução dessas emissões é tida como uma meta fundamental para cuidarmos de nossa sobrevivência – sendo o "carbono neutro" um ideal considerado quase utópico para boa parte dos países. Porém, o Butão "não é apenas carbono neutro, é carbono negativo", como diz o título da palestra do primeiro-ministro Tshering Tobgay feita no TED em 2016. Ele teria razões de sobra para se preocupar com esse tema, já que o Butão está aos pés do Himalaia e pode ser alagado por todo aquele gelo se a temperatura do planeta aumentar. Mas, em vez de trazer uma fala alarmista, Tobgay faz uma tranquila defesa de que não dá mais tempo de tentarmos reduzir nosso impacto negativo no mundo. É hora de concentrarmos todos os esforços possíveis para gerar impacto positivo. Foi assim que seu país encontrou soluções criativas para conseguir financiar a preservação florestal. Lembra da fala do Lama Gembo sobre as vantagens de ter aderido mais tarde à globalização e poder enxergar o que funciona no mundo? Pois então, o Butão criou em meados dos anos 2010 o programa Buthan for Life, uma espécie de financiamento coletivo para atrair organizações globais e pessoas interessadas em investir em suas florestas. A ideia desse programa é criar um fundo preventivo de preservação ambiental, como se a lógica de investir na bolsa de valores fosse aplicada à floresta do Butão. "Pegamos emprestada uma expressão comum da bolsa de Nova Iorque em Wall Street, que é 'multparty, single closure', ou seja, várias entidades unidas por uma causa comum, e encorajamos a todos que encontrem soluções criativas para também poderem preservar a vida", diz Tobgay no TED.

Ali na aula que estávamos recebendo do Ministro das Florestas, tivemos um exemplo que elucidou essa ideia de criar impacto positivo no mundo. Ele avançou para o slide seguinte de sua apresentação e então o mapa do Butão ganhou mais um elemento – linhas verdes, algumas mais finas e outras mais grossas, interligando as manchas de florestas. Ele nos explicou que aqueles eram os corredores verdes criados para unificar as florestas butanesas. E então, nos mostrou a foto de um tigre que era encontrado apenas em um dos parques florestais do Butão, mas que após a criação dos corredores verdes começou a aparecer em outros. Isso indica que os animais que vivem naquele país estão podendo circular por seu território. Impacto positivo, nesse caso, não era só preservar essas outras espécies, mas também conviver em paz com elas.

Senti uma onda de otimismo e encantamento tomar conta da sala. Mas, ao mesmo tempo, talvez por causa da luz baixa ou das duas horas que haviam se passado, eu comecei a sentir o corpo cansado e a mente cheia. Notei que não era a única quando comecei a ouvir uma respiração pesada de alguém que parecia estar dormindo. Olhei para o lado e era o próprio Karma Ura recostado sobre a cadeira, imerso em um tranquilo cochilo. Ao acordar, ele nos encorajou a sempre agir dessa forma quando o sono bater. "É a técnica mais eficaz, cochilamos e recuperamos a energia em apenas 10 minutos", disse ele. Ficou por minha conta a interpretação de que a preservação da vida começa mesmo é pelo autocuidado. Por falar nele, e no meu estômago que já roncava, fizemos uma pausa para comer.

...

Em nossa volta do almoço, nos esperavam dois músicos da orquestra real, uma cantora e um instrumentista que trazia consigo o que parecia ser uma versão butanesa da viola caipira. Karma Ura os anunciou como a abertura de nossa segunda sessão de estudos. É possível que eu tenha feito uma cara estranha quando começaram a tocar, pois o canto gutural da mulher, acompanhado pela violinha butanesa do homem, criavam uma expressão inicialmente incompreensível para mim como música. Quando percebi que devia estar fazendo uma careta, tentei disfarçar e agir naturalmente, o que foi abrindo espaço interno para escutar. "Agora toquem uma música pop para nossa plateia brasileira", pediu Karma Ura, provocando risadas animadas em todos nós. Esperando algo com um ritmo que me fizesse bater os pés e estalar os dedos, mais uma vez precisei me esforçar para ajudar meu corpo a decodificar aquele som. E então, lá pelo meio da música, simplesmente parei de fazer esforço e pude perceber a beleza do que estava ouvindo. Pensei que, algumas vezes, nos deparamos com algo tão estranho ao nosso repertório que é preciso paciência para se abrir e compreender.

Nossa aula da tarde era com Karma Ura. Antes de começar a falar, porém, ele nos fez repetir o fonema "ri" (tremendo a língua) algumas vezes com respirações rápidas, dizendo que isso ia nos ajudar a aumentar a concentração. "Não sou um praticante muito sério dessa técnica, faço apenas 30 minutos por dia, só nos últimos 3 anos, mas recomendo", disse ele. Uma fala que dava a medida do quão comprometida era sua dedicação a tudo o que faz – fosse como guardião da política da Felicidade Interna Bruta, Chefe das Artes, do Exército, pintor ou praticante da espiritualidade. Uma de suas frases recorrentes era "temos que fazer o melhor que podemos de cada momento".

Karma Ura então começou a nos contar que, na década de 70, o então rei Jigme Singye declarou numa entrevista a um jornalista que era importante encontrar uma forma de medir não apenas o desenvolvimento econômico do país, mas a felicidade das pessoas. Não era uma ideia exatamente nova no Butão. Na Constituição de 1729 já havia um trecho dizendo "se o governo não puder criar felicidade para seu povo, então não há nenhum motivo para o governo existir". Mas foi Jigme Singye quem deu um passo significativo nessa direção. Ele assumiu o trono bastante jovem, aos 17 anos, quando do seu pai faleceu precocemente. Naquela época, enquanto o indicador mais unânime do planeta para medir desenvolvimento era o Produto Interno Bruto, ou PIB, o Butão não tinha nem dinheiro circulando para mediar a economia. Eles utilizavam o "sistema da manteiga", um tablete era a moeda de troca. "Era um sistema muito eficiente porque todos tinham ao menos uma pequena criação de gado e produziam seus tabletes de manteiga, então não tínhamos muita pobreza nem inflação", comenta Karma Ura, com um sorriso bem-humorado.

Mas, em um contexto de economias muito mais complexas, o PIB foi um índice adotado nos anos 40 para unificar a forma de medir desenvolvimento. Foi um motor importante para reaquecer a economia de um mundo destruído por guerras mundiais. E ainda hoje, o PIB é a forma como os governos do mundo são avaliados para definir se estão indo bem ou mal. "Estão todos comprometidos em maximizar o PIB porque acreditam que quanto maior ele for, maior será a performance", diz Karma Ura, mas, em sua visão, essa é uma forma cada vez mais limitada de ver a realidade. "A única coisa que o PIB nos mostra de fato é o crescimento da quantidade de bens e serviços produzidos e isso é insuficiente para indicar um desenvolvimento real, porque não mede a qualidade e a relevância desses bens e serviços. Ou seja, sua capacidade de efetivamente melhorar nossa vida", esclarece. "Há muitas pessoas que são ricas e vivem em países com um ótimo PIB, mas que não conseguem ter um sono saudável por pelo menos 6 horas toda noite", argumenta. Karma Ura deixou claro que não via um problema no PIB em si, nem no acúmulo de riqueza material, mas sim em adotar essa como a única métrica relevante no mundo inteiro para orientar as decisões que irão moldar a vida da maioria das pessoas. Concordei.

"Isso também faz com que cultuemos líderes por sua capacidade de gerar lucro, o que sem dúvidas é fundamental, mas pelo menos na noção budista um líder precisa também de compaixão, tolerância e uma paciência incansável, pois apenas assim consegue atingir resultados que realmente apontam para um mundo melhor, como limpar rios, dissolver guerras, prevenir conflitos, evitar divórcios, levar pessoas a meditarem de verdade", defende Karma Ura. Para ele, a qualidade fundamental do que considera um verdadeiro líder é conhecer profundamente a mecânica do sofrimento – pois só assim ele consegue conduzir as pessoas que lidera a poderem superá-lo.

...

O FIB nasceu com a missão de aumentar o número de dimensões consideradas para medir o desenvolvimento e embasar as decisões políticas. Demorou algumas décadas até que se tornasse um indicador formado por 9 dimensões, inspiradas naqueles mesmos valores budistas de superação do sofrimento e busca da iluminação.

Algumas das dimensões do FIB são bastante óbvias – sabemos que bons sistemas de *saúde* e *educação* aumentam a felicidade das pessoas. O que surpreende é a forma como são medidas. No Ocidente, estamos acostumados a contabilizar, por exemplo, o número de pessoas atendidas pelas redes de hospitais e os índices de escolaridade, mas no Butão, métricas de saúde englobam a forma como as pessoas se alimentam, o quão saudável consideram sua rotina e a qualidade de sua mente – tanto pela ausência de distúrbios como depressão e ansiedade, quanto pela capacidade de foco e centramento. E educação diz respeito ao grau de escolaridade formal, mas também à capacidade das pessoas de continuarem aprendendo ao longo da vida, dedicando-se a outros conhecimentos que lhe interessem.

Outra dimensão do FIB era a *governança política*. Novamente, é óbvio que governantes competentes, eficientes e honestos geram felicidade, mas, ao se aprofundar nessa dimensão, os criadores do FIB compreenderam também que as pessoas são mais felizes quando participam da política. E essa foi uma das razões que levou o rei Jigme Singye à decisão de democratizar o Butão, transformando seu sistema político em uma monarquia parlamentarista, com eleições para cargos executivos e legislativos.

Chamou minha atenção o fato de que ele foi o único país do mundo a se democratizar sem guerra nem pressão popular. E não apenas isso. O rei também criou uma lei para que ele mesmo ou qualquer de seus sucessores pudesse ser afastado do cargo por impeachment e que ele e qualquer outro rei tem que renunciar ao completar 60 anos. Curiosa e rara a decisão do rei de abrir mão de parte de seu poder. É interessante a perspectiva do que seja o real poder político que traz essa decisão, pois ao permitir sua própria destituição o rei teve sua legitimidade aumentada, pois passa a ser uma escolha popular mantê-lo no trono. E até mesmo o primeiro-ministro do Butão afirma que passou a confiar mais em sua liderança após essa decisão.

Fato é que, após a promulgação da Constituição com essa lei, o rei saiu viajando por seu país para conversar sobre esse novo acordo que propunha ao povo, em que a política, o bem-estar das pessoas e a preservação das florestas seria agora responsabilidade compartilhada entre todos, através de direitos e deveres. Era disso que se tratava também a dimensão preservação do meio ambiente, como é possível ver na passagem da Constituição que confere a todo cidadão butanês seu papel na manutenção da biodiversidade do país. Além de monitorar a preservação de diferentes espécies, essa dimensão também mede o impacto das cidades nas florestas.

– As próximas duas dimensões sobre as quais vamos falar são especialmente importantes de serem compreendidas no Ocidente – anunciou Karma Ura.

– Por quê? – perguntei.

– Porque elas são fundamentais para a felicidade, mas são muito difíceis de serem cultivadas na forma como as cidades ocidentais foram construídas – ele respondeu.

Um deles era a vitalidade comunitária – que talvez possamos chamar de vizinhança. Entram aí não só a segurança das ruas como também os encontros e laços entre as pessoas que moram e trabalham perto umas das outras e a harmonia nas famílias. Esse é um valor cultural tão importante que "comer junto" significa a mesma coisa que "melhor amigo" em butanês. Logo entendi o que Karma Ura queria dizer. Poder contar com quem vive por perto para uma emergência ou preencher uma tediosa manhã de domingo com conversas animadas em um longo café da manhã de fato me fazem mais feliz, mas são raras as pessoas com boa vitalidade comunitária nas grandes cidades. Mais raras ainda as que fazem um bom uso do tempo. Nessa dimensão, são medidas a quantidade de horas dedicadas ao sono, trabalho, socialização, cultura, lazer e assim por diante. Em São Paulo, para se ter uma ideia, as pessoas passam em média três horas por dia se deslocando, em geral de casa para o trabalho. Era a isso que Karma Ura se referia – é difícil usar bem o tempo em um contexto como esse. Por isso a Universidade Real do Butão trabalha em adaptações do FIB para o urbanismo, transformando-o em diretrizes para planejar e administrar cidades.

Mas àquela altura da aula eu comecei a me perguntar – como talvez você também sinta uma inquietude para compreender – de que maneira tudo isso é, de fato, medido. Karma Ura nos explicou que o FIB é como um censo nacional que acontece a cada cinco anos e estava em sua segunda edição oficial. Para fazer essas medições, eles entrevistam, ao longo de 6 meses, aproximadamente 8 mil cidadãos, sorteados com a maior diversidade possível de distritos, idades, profissões e padrão social. Nessas entrevistas, que duram cerca de três horas, são feitas algumas perguntas abertas e outras com alternativas de respostas pré-definidas. Por exemplo, o entrevistador apresenta uma lista de sentimentos (como raiva, medo, gratidão e alegria) e pergunta com que frequência o entrevistado sentiu cada uma delas na última semana. Também pede que se dê uma nota para o quão satisfeito se sente com sua vida. Essas questões oferecem respostas que integram a base da dimensão do bem-estar psicológico do FIB. A renda individual e familiar também é medida, na dimensão padrão de vida, assim como a fluência das pessoas para ler e escrever butanês, sua dedicação às artes clássicas do país como pintura, poesia e arquearia e a participação em eventos culturais, métricas da dimensão cultura.

O questionário completo divide essas nove dimensões – saúde, educação, governança política, preservação do meio ambiente, vitalidade comunitária, uso do tempo, bem-estar psicológico, padrão de vida e cultura – em 33 métricas com pesos diferentes entre si para chegar a uma média global que vai de 0 a 1. Das duas medições já feitas, em 2010 e 2015, a conclusão é que o FIB aumentou – de 0.743 para 0.756 – mas as dimensões governança e padrão de vida ficaram estáveis e precisam melhorar.

Além de uma nota objetiva, o FIB também oferece um panorama de onde e por que as pessoas estão mais ou menos felizes. Por exemplo, o indicador mostra que por volta dos 40 anos todos têm uma certa queda no índice de felicidade. Karma Ura avalia que isso acontece porque esse é um momento na vida butanesa em que fica claro o quão longe cada cidadão conseguirá ir na hierarquia da profissão que escolheu. Mas aos 60 anos há uma grande elevação no nível de felicidade, provavelmente porque outros valores passam a importar mais na vida. Também de acordo com o FIB, quem vive em cidades é mais feliz do que quem vive no campo e a educação é um fator que aumenta a felicidade. Os profissionais mais felizes são servidores públicos e monges e os menos felizes são os que servem ao exército.

Todo esse diagnóstico define como e onde serão feitos os investimentos do país, através de uma fórmula matemática. E, junto com essa fórmula, foi criada uma comissão responsável por acompanhar os investimentos e aprovar boa parte das medidas políticas tomadas no país. Karma Ura nos explicou que esses dois elementos – uma fórmula para definir investimentos, sem deixá-los a cargo das decisões de cada político, e uma comissão permanente para preservar a essência do FIB – são fundamentais para que essa iniciativa seja bem-sucedida.

Mas, afinal, o que significa ser bem-sucedido numa política da felicidade? Muitas das pessoas de nosso grupo, quando viam o quão simples era a vida dos monges nos monastérios, tendo apenas uma cama estreita e dura e alguns sem nem usar sabonete para tomar banho, se mostravam profundamente céticos. É tentador, mesmo, julgar. Minha ideia pessoal de felicidade envolve longos banhos de espuma em uma banheira de mármore, passeios de barco a vela, viagens a lugares exóticos e uma linda casa cercada de floresta onde eu possa passar a vida escrevendo livros inspiradores e preparando pizzas em um forno a lenha para meus amigos, mas o ponto é que uma política pública de felicidade não lida com os dramas e sonhos individuais das pessoas. "Isso não nos levaria muito longe", diz Karma Ura. Segundo ele, na perspectiva política, a felicidade é um florescimento de um ecossistema social que seja favorável a ela. E a característica fundamental desse ecossistema é criar condições para que as pessoas tenham boas relações entre si. A mesma lógica de preservar a floresta é usada no cultivo de boas relações para que, desse núcleo, a felicidade (ou a biodiversidade) possa emergir. Isso reflete um dos preceitos do budismo, que é a ideia de que a felicidade individual depende da felicidade de todos os seres sencientes (ou seja, todos os seres que sentem a realidade).

Se eu trocaria minha vida em São Paulo pelo Butão? Certamente não, mas sinto que o ponto não é provar que a forma de viver no Butão deixaria a mim ou a você mais feliz do que a nossa ocidental. Isso é relativo. O ponto é que o Butão está apresentando ao mundo uma narrativa inovadora sobre o que é desenvolvimento e acabou se tornando um laboratório para a tentativa de criar uma forma de medir a realidade e orientar decisões políticas. O FIB é uma ferramenta que ainda está sendo lapidada, mas nos apresenta a um jeito novo bastante objetivo de medir e refletir sobre o que é desenvolvimento de fato. E isso é fundamental e tão importante quanto metas que aspirem cidades mais humanas ou educação para todos como forma de medirmos nossa evolução. Por isso, só o fato de esse índice existir e ser levado tão a sério em um país inteiro é tão revolucionário.

...

Meu lado 'Dr. Jones' estava gostando daquelas aulas, mas minha porção Indy estava inquieta. Então, foi com satisfação e alívio que me despedi de Karma Ura para seguir até o ônibus com o resto do grupo. Nosso destino era o topo de uma montanha, para ver de perto algo primoroso que já tínhamos avistado a alguns quilômetros de distância quando estivemos na sede do governo em Thimpu.

O sol estava invisível por entre as nuvens escuras daquele final de tarde, mas dava para sentir que ele estava se pondo, tanto pela claridade que ia diminuindo quanto pelo vento que ia esfriando. Quanto mais caminhávamos, maior ficava a estátua que estávamos indo conhecer. Aquele era o maior Buda do mundo, feito de bronze e banhado a ouro, sentado em meditação sobre a montanha.

Naquela estátua, Buda estava segurando um pote vazio, um símbolo de que precisamos nos esvaziar de quem achamos que somos para podermos ser e compreender o todo.

Demos três voltas ao redor da estátua gigante entoando mantras. Depois olhamos para a cidade ali de cima da montanha. Então, me voltei para o Buda. Sobre sua cabeça passavam com velocidade aquelas nuvens escuras, carregadas, enormes. E ele se mantinha lá, pleno, dourado, luminoso, meditando. Das metáforas que os mestres iluminados criaram para nos explicar o que é a meditação, aquela era a minha favorita. Os pensamentos são como nuvens que vão passando. O observador que se senta para meditar é o céu. E a meditação é um treino para aprender a deixar os pensamentos passarem, como as nuvens, focando naquilo que é permanente em nós, como o céu, que está sempre lá, ainda que não possamos vê-lo.

Todas aquelas informações que passamos o dia recebendo haviam deixado minha mente como aquele céu carregado de nuvens. Julgando, rotulando, elaborando, questionando, negando, afirmando, e mais muitos "andos". Com paciência, a inspiração do Buda e um frio crescente que inibia qualquer pensamento complexo demais, fui me esvaziando e me aproximando um pouco mais daquele pote que ele segurava nas mãos.

...

Depois desse dia cheio, ainda tivemos um jantar delicioso em um hotel com a presença do Karma Ura. Quando o vi chegando ao saguão, corri para garantir um lugar ao seu lado. Comecei a conversar com ele como sempre faço com as pessoas que entrevisto.

– Que tipo de mundo o FIB ajuda a moldar? – perguntei.

– A visão pura de mundo que temos com o FIB é um planeta onde todos os "seres sencientes" possam viver bem não apenas por 50, 100 ou 1.000 anos, mas indefinidamente, para sempre – respondeu ele, trazendo esse conceito muito utilizado pelo budismo de seres sencientes, que são os seres vivos capazes de experimentar sensações e sentimentos de forma consciente: humanos, animais e, segundo pesquisas científicas mais recentes, também as plantas.

– O senhor acredita que isso seja possível? – questionei.

– Isso pode ou não acontecer, não temos como saber, mas é preciso ter uma meta, uma visão, para conseguir trabalhar – respondeu ele.

– Como o senhor acha que o FIB pode influenciar o mundo hoje, na prática?

– Eu acredito que um efeito prático interessante e possível seria a compreensão de que a vida é organizada por uma interdependência entre todos os seres, nada está isolado, absolutamente tudo o que vivenciamos se dá através de relações, eu com a árvore, eu com o cão, eu com outra pessoa e assim por diante. O caminho é fazer com que cada uma dessas interações seja positiva, sabendo que esses relacionamentos estão mudando constantemente, é tudo muito dinâmico, a própria felicidade é dinâmica, e esse é o sentido mais profundo do FIB: compreender a interdependência caracterizada pela impermanência e aprender a navegar por ela – respondeu Karma Ura.

Era interessante sua visão. Ele não parecia empenhado em fazer com que todos os países adotassem o FIB, mas em promover uma mudança na forma como a realidade é percebida. Tentei expandir o assunto, então.

– Quais os maiores desafios para a felicidade hoje no mundo? – perguntei.

– Tenho pensado e sentido que nosso maior desafio como humanidade nesse momento seja distinguir entre o que é real e o que não é – respondeu ele, e então se pôs a pensar como se estivesse tentando fazer essa distinção ali mesmo.

– Como assim? O que o senhor quer dizer com real?

– Com todas as tecnologias modernas que temos hoje, como os smartphones, estamos vivendo muito tempo numa hiper-realidade, em que tudo parece real, mas não é, e ficou mais difícil de distinguir as coisas – explicou ele.

– O que o senhor chama de hiper-realidade dos smartphones são as redes sociais? – perguntei.

– Isso, mas tem também as notícias, que algumas vezes são falsas, mas que mesmo quando verdadeiras muitas vezes nos desconectam do que está ao nosso redor, em nosso território, e aí mesmo que sejam fatos concretos nos desconectam do que é real – explicou Karma Ura.

– O senhor está dizendo que notícias reais nos tiram da realidade?

– Imagine que você veja agora a notícia de um furacão do outro lado do mundo e fique consumida por essa história, pela tragédia, mas deixando de notar o que está ao seu redor, não enxerga os problemas e as pessoas que a circundam. Isso é um exemplo de uma história real que tira alguém da realidade – explicou ele.

– E qual é a relação entre essa realidade que nos circunda e a felicidade?

– Veja bem, a experiência está no mundo real, com suas texturas, nos problemas reais das pessoas a nossa volta, e nenhum ser humano vai sentir o realismo da felicidade a menos que esteja lidando de verdade com as pessoas que passam por ele, nada pode substituir isso – disse ele.

E só agora, enquanto escrevo, é que percebo o quão profundo foi esse diálogo. Até recomendo que você faça um instante de silêncio antes de continuar.

[   ]

Quando a sobremesa chegou, tentei continuar a fazer perguntas, mas Karma Ura estava monossilábico, sem parecer muito mais engajado em me responder. Eis que então ele mudou o rumo da conversa.

– Uma coisa que você precisa compreender, em vez de se perder em tantas dúvidas, é que nós superestimamos a linguagem.

– Superestimamos a linguagem... – eu repeti, tentando compreender.

– Sim, essa linguagem discursiva, nós a superestimamos, falamos demais, elaboramos, duvidamos, discorremos, e então chegamos hoje a uma grande confusão em que todos tentam falar e explicar ainda mais para provarem seus pontos e ninguém se entende porque ninguém se escuta – explicou ele.

Fazia sentido. Estamos presos numa teia de narrativas. E quanto mais narramos nossos pontos de vista, mais nos enredamos. Era o que estava acontecendo nos debates políticos do Brasil, nos viciamos numa linguagem reativa e caímos nesse paradoxo de um excesso de falas sem nenhuma conversa.

Mas essa não foi exatamente uma verdade fácil de ouvir. Era como se Karma Ura estivesse dizendo à dona de uma fábrica de blusas de tricô que a lã era superestimada. Quero dizer, a linguagem das palavras é a matéria-prima de meu trabalho. Se isso está sendo superestimado, então qual é o propósito de minha profissão?

Qual é meu lugar nesse mundo barulhento? Pensei muito sobre isso naquela noite. E tive um insight de que a real matéria-prima de meu trabalho não era a linguagem. Ela era apenas uma ferramenta. A essência fundamental nessa arte de tecer palavras, realmente, é o silêncio. Silêncio para poder ouvir, de verdade, cada um de meus entrevistados enquanto pesquiso sobre um tema. E silêncio ao me sentar para escrever, sem deixar que as expectativas internas sobre como será o livro ou que efeito terá nas pessoas moldem meu texto. Eu não estou aqui para provar, convencer ou ensinar. Estou aqui para sustentar um silêncio interno enquanto me deixo atravessar pela história que é escrita, encontrando uma forma de me ater ao que é real, sem querer controlar o processo, deixando que a criatividade faça seu trabalho também e possa até me surpreender a cada linha que brota. Essa compreensão sobre ser uma escritora, abrindo mão das amarras do controle, foi o primeiro saco de areia que cortei daquele meu balão de bexigas que desenhei no início da viagem para poder voar pelos ares da felicidade. Que alívio...

CAPÍTULO 4

UM CAMINHO E UMA PASSAGEM

Dos guias que acompanhavam nosso grupo, foi com Dorji que tive a maior identificação desde o começo. Eu gostava de seu jeito calmo e alegre de nos dar aulas sobre os valores e as práticas budistas que passou a vida estudando. Então, naquela manhã, quando o vi sozinho no ônibus, achei que seria uma boa ideia aproveitar sua presença para aprender mais. Havíamos saído cedo do hotel com as malas nas mãos para viajar até a parte leste do Butão e teríamos algumas horas de estrada pela frente. Dorji abriu um sorriso quando me sentei a seu lado. Perguntei sobre sua história e, enquanto ele me contava, fui compreendendo melhor o motivo daquela identificação instantânea que eu sentia.

Muito cedo na vida ele sentiu um chamado interno para ser monge. Algo natural em sua cultura, comum a vários garotos do Butão. Só que sua família não tinha o dinheiro e a disponibilidade para fazerem as preparações e oferendas necessárias para que ele entrasse no monastério. Por sorte, um amigo da mesma idade e com o mesmo anseio tinha uma família que podia acolhê-lo. Então, aos 12 anos, Dorji se mudou junto com esse amigo para a Índia e foi viver em um monastério para estudar o budismo tibetano. Ficou lá por mais de dez anos e chegou a altos graus na hierarquia monástica. Foi quando sua família começou a atravessar dificuldades financeiras e ele precisou voltar para trabalhar no Butão e ajudá-los.

Enquanto ouvia essa história, imaginei que ele teria ido trabalhar em algum monastério butanês. E claro que fiquei bastante surpresa quando ouvi que o emprego que ele conseguiu foi como jornalista! Passou alguns anos se aperfeiçoando no ofício do jornalismo e escrevendo sobre vários temas em um jornal bilíngue, que era publicado em inglês e butanês. Com o passar do tempo, porém, foi se sentindo incomodado com o fato de o jornal ser diagramado por um designer que só falava inglês e cometia vários erros na ordenação dos caracteres butaneses. Então, para ajudá-lo, Dorji aprendeu a usar os softwares Photoshop e InDesign e passou a trabalhar também na diagramação do jornal. Mais tarde, quando seu texto estava afiado, escreveu, diagramou e publicou alguns livros autorais. E, então, foi contratado como secretário pessoal do rei para pesquisar e preparar livros que traduzissem os ensinamentos budistas clássicos para o dia a dia prático das pessoas. E, mesmo com toda essa experiência, ao ouvir que eu também tinha trabalhado como jornalista ele comentou que talvez eu pudesse lhe ensinar algo sobre a arte de escrever. Comentou isso com um sorriso espontâneo numa rara expressão de humildade verdadeira.

Perguntei por que ele achava que o FIB tinha surgido no Butão. Em resposta, Dorji me contou uma história com ares de mitologia. Possivelmente uma narrativa romanceada pela tradição oral, mas me abri para ouvi-la enquanto passávamos pela paisagem de templos e montanhas do Butão.

"Há muitos milênios que diversos mestres iluminados vêm prevendo que o Butão teria a missão dharmica de sustentar a paz no planeta Terra. Nossa cultura é uma das mais antigas e resilientes do mundo porque somos verdadeiramente livres, nunca fomos colonizados nem declaramos guerra a ninguém, mas nossa cultura foi ameaçada em vários momentos. Tropas do exército tibetano, influenciadas pela dominação da Mongólia, tentaram invadir o Butão por 13 vezes seguidas. Nunca foram bem-sucedidas porque não conseguiram vencer as montanhas de nosso país.

Mais tarde, no século 19, a Inglaterra, que colonizava a Índia, tentou estabelecer um diálogo com o Butão, mas as autoridades butanesas não aprovavam a colonização e não se abriram para esse diálogo. Então, o exército inglês invadiu uma região de planícies do Butão que fazia fronteira direta com a Índia. No intuito de removê-los, os governantes butaneses concordaram em receber dois oficiais ingleses para negociar. Fizeram que esperassem por vários dias, até que ficassem cheios de raiva, e então entregaram a eles um documento que era um compromisso de desocuparem a região invadida. 'Assinem ou iremos matá-los', disseram os butaneses. Como estavam reféns, os ingleses fingiram que assinaram e escreveram no papel "estou sendo ameaçado de morte". Então, foram liberados para voltar para casa, pois como ninguém no Butão sabia ler inglês, não detectaram a fraude. Quando o governo butanês apresentou esse documento para exigir suas terras de volta, descobriu que havia sido enganado. E logo na sequência a Inglaterra mandou uma tropa de 100 homens para atacar o Butão. Muitos monges e mestres se prepararam para proteger o país com poderosos mantras. O exército Butanês tinha poucas dezenas de soldados, treinados para combater com técnicas praticamente medievais, arremessando pedras ou tensionando seus arcos para lançar flechas. Eles subiram para os pontos mais altos das florestas e ficaram à espreita. À medida que o exército inglês ia chegando, eles identificavam os combatentes que ocupavam posições de liderança e com precisão nas flechadas e pedradas os deixavam gravemente feridos. Sem nem conseguir identificar muito bem de onde vinham os ataques, vendo seus líderes sendo atingidos e se deparando com a dificuldade de vencer as montanhas, o exército inglês decidiu recuar, mas não se deram por vencidos. Meses depois mandaram uma tropa maior, com 300 homens, alguns montados em elefantes. Dessa vez, a proteção dos mantras foi feita por muito mais pessoas no Butão e o exército se embrenhou novamente nas florestas. Então, fizeram um cálculo sobre como poderiam minimizar ao máximo o sofrimento para conter os invasores. De forma muito rápida e quase imperceptível, degolaram dois elefantes e mataram dois líderes do exército britânico, que nesse momento ficou totalmente tomado pelo medo. Esse pavor os deixou sem capacidade de discernimento, acreditando que os ataques vinham das próprias árvores da floresta. E foi sob a pressão desse medo que aquelas dezenas de soldados ingleses marcharam de volta para casa, se sentindo vencidos.

A Inglaterra desistiu de dominar o Butão, mas subiu em direção ao Tibet na tentativa de colonizá-lo. E lá foram recebidos de forma muito raivosa. Tibetanos declararam guerra aos ingleses. E essa guerra poderia trazer consequências desastrosas e irreversíveis para aquela região do mundo. Foi aí que um butanês muito visionário e conhecido por sua capacidade de promover diálogos e conciliações tentou intervir no conflito. Seu nome era Ugyen Wangchuck. Ele ocupava um cargo na alta hierarquia do governo butanês e, assim como seu pai, tinha o papel de um diplomata. Wangchuck conseguiu uma audiência entre a alta cúpula dos exércitos do Tibet e da Inglaterra. E conseguiu amenizar o conflito entre os dois países. Alguns embates armados chegaram a acontecer, mas o dano maior foi evitado.

Esse diplomata já era considerado um líder do governo do Butão, mas após esse ato de conciliação ficou decidido que o sistema político do país passaria a ser uma monarquia e ele seria o primeiro rei. Então, em 1907, a coroa do Butão foi entregue a Ugyen Wangchuck e seus descendentes. Boa parte dos mestres espirituais do país enxergava nessa linhagem familiar a virtude dharmica para governar o país. O bisneto de Ugyen e quarto rei do Butão, Jygme Wangchuck, foi quem vislumbrou a ideia do FIB, algo que só foi possível após toda essa sucessão de acontecimentos. O FIB, na verdade, é apenas mais um elemento para que seja cumprido esse Dharma do Butão de sustentar a paz no mundo.

Achei interessante conhecer a história que se conta sobre o surgimento dessa monarquia tão tardia no mundo. Claro que aquela era uma versão oficial, provavelmente permeada de passagens folclóricas dos fatos – como aliás boa parte das narrativas dos livros de História que utilizamos na escola. Mas era fato que aquele imaginário sobre a dinastia dos Wangchuck realmente fazia parte da vida das pessoas comuns no Butão com quem pude conversar naqueles dias. E gostei de tê-la escutado da boca de um monge jornalista escritor.

Antes de continuar, no entanto, vamos a um esclarecimento sobre o Dharma, que como boa parte das palavras que se originam do idioma sânscrito, pode ser traduzida de muitas formas. Uma delas é "lei da existência", que se refere ao conhecimento de algumas escrituras sagradas, como os Vedas, sobre o caminho da autorrealização – uma outra palavra que é utilizada para falar sobre iluminação. Cada tradição tem suas peculiaridades no estudo do Dharma, mas há três pontos que são comuns nessa lei da existência: as ideias de Karma, Moksha e Samsara. Karma significa, literalmente, ação. Diferente da ideia que temos no Ocidente de algo que seja inerentemente negativo ou tenha uma carga moral, na verdade a dinâmica do karma é mecânica – toda ação gera uma reação em igual proporção. É uma lei que passeia pelo clichê de que tudo que se planta, se colhe. Para se alinhar com o Dharma é inevitável lidar com os karmas, que funcionam como nós sutis. Quando um desses nós se desata, então há um Moksha, uma liberação. Já senti isso na pele. Quando minha mãe faleceu, herdamos uma empresa em operação e endividada. Fugi durante uns bons tempos dessa herança, mas aos poucos meus irmãos e eu começamos a desligar essa empresa e finalizar a dívida. Atravessei um profundo medo que tinha de nunca conseguir lidar com aquelas burocracias e viver com o fantasma da dívida para sempre. Cresci um bocado e, quando a situação estava equacionada, foi como se uma leveza nova se apresentasse em minha vida. Uma firmeza interna de que posso lidar com situações tão ou mais cabeludas do que aquelas. Burocracias já não me assustam tanto. Um nó sutil de medo se desatou e recebi um Moksha, que coincidiu com a viagem para o Butão. Sinto até que essa viagem só foi possível porque lidei com aquele karma. No fundo, o karma é um presente que demanda coragem para ser aberto.

Porém, mesmo dedicando a vida toda a desatar esses nós e abrir esses presentes, neste planeta estamos sujeitos ao Samsara, que como já vimos é o véu da ilusão, da confusão e da ignorância. Novos karmas podem se formar, consequentemente novas oportunidades de expansão, em um movimento de evolução que parece ser infinito. É fundamental, para se alinhar à lei do Dharma, compreender que a vida é esse incansável caminhar.

Outra forma possível de explicar o Dharma é considerando-o como "propósito", tanto no sentido de colocar os dons e talentos em movimento no mundo quanto na ideia de que tudo o que acontece na vida tem uma razão maior, que é nos conduzir para o inevitável caminho de evoluir, seja pelo amor, seja pelo sofrimento. Por exemplo, nesse momento enquanto estou digitando posso perceber o quanto os vários anos de treinamento como palestrante (uma ocupação da qual inclusive reclamei várias vezes por causa das inúmeras viagens que me deixavam exaurida) acabaram criando em mim um ritmo na forma de me expressar através das palavras, o que foi fundamental para que eu pudesse hoje ser uma escritora – reconheço nisso meu caminho dharmico.

Podemos ver então o quão profunda era a ideia que vinha embutida na história do Dorji, de que o Dharma do Butão é sustentar a paz no mundo.

...

As estradas que percorremos enquanto eu conversava com Dorji eram sinuosas, seguindo o curso da água, avistando algumas das montanhas embranquecidas de gelo do Himalaia pelo caminho. Nossa parada era na metade do caminho até Punaka, para onde rumávamos, no leste do Butão. Era uma passagem estreita por entre uma cordilheira chamada Dochula, daí seu nome, Dochula Pass.

Lá fica o Dochula Lhakhang, um templo com pinturas que homenageiam a dinastia da monarquia butanesa e mostram imagens sobre o passado, os desafios do presente e as projeções para o futuro do país. Esse não é um templo que fique aberto aos turistas, mas, como nosso grupo estava sendo acompanhado por Karma Ura, que foi quem o projetou, pudemos entrar e ainda recebemos uma visita guiada por ele.

Era bem pequeno (o menor que conhecemos no Butão), mas tão rico em detalhes que eu poderia passar horas lá navegando por suas belezas. Subimos uma escada de degraus longos ornamentada com detalhes dourados. Ao longo da subida, já podíamos ver as inúmeras pinturas que iam preenchendo as paredes. Karma Ura foi nos explicando que elas eram divididas em linhas horizontais imaginárias, cada uma contendo uma camada diferente de informações. A parte mais baixa mostrava elementos da natureza, no meio ficavam imagens figurativas que contavam histórias e na parte superior, pinturas devocionais e mágicas.

Logo reconheci, passando os olhos pelas histórias, a cena que Dorji havia narrado de quando Ugyen Wangchuck apaziguou os exércitos da Inglaterra e do Tibet. Mais à frente, pinturas da linhagem Wangchuck mostravam o segundo e o terceiro rei do Butão. Este último foi pintado entoando músicas e segurando flores, pois segundo Karma Ura era um homem muito romântico. Quando a história chega a Jigme, o quarto rei, é acompanhada de uma passagem que mostra a introdução da Felicidade Interna Bruta no país. Uma imagem mostra o livro do FIB no topo de uma pilha de vários outros livros, que incluíam a Constituição e algumas escrituras sagradas – uma forma de dizer que o FIB é um produto e uma síntese daquela cultura.

Então, chegamos à imagem que deixou todos no grupo tocados. Era um salão parecido com uma assembleia cheia de cadeiras que eram ocupadas tanto por pessoas quanto por animais como tigres, lobos e pássaros. Nesse parlamento, todos apareciam com "igual direito de fala", nas palavras de Karma Ura. Era uma alusão às decisões políticas que vão sendo tomadas com esse ideal de paz não apenas considerando a raça humana, mas todas as outras espécies do planeta. Na contemplação dessa imagem, as palavras de Dorji sobre o Dharma butanês de sustentar a paz fizeram ainda mais sentido.

Logo à frente, Karma Ura nos mostrou uma pintura que chamava de "mandala da saúde moderna", que mostrava curandeiros perto de fogueiras com pequenas garrafas e plantas de poder nas mãos junto com comprimidos, seringas e visões da anatomia do coração e das veias do corpo humano. Um ideal de convivência entre a medicina oriental tradicional com a ocidental contemporânea, mostrando, como disse Karma Ura, que precisamos das duas. Outra forma de buscar a paz.

Ao final da visita guiada, descemos por uma escada longa e demos a volta no templo até a porta de entrada. Estávamos descalços e mesmo com meias térmicas meus pés congelavam. Lá fora caíam gigantes flocos de neve e o deslumbrante horizonte do Himalaia ficou apenas na minha imaginação, pois estava totalmente encoberto por uma neblina densa. O jeito foi entrar na casinha de chás ao lado do templo para nos aquecermos perto da fogueira.

Karma Ura estava vestindo os trajes típicos butaneses masculinos, que deixam as canelas de fora, e as tinha cobertas com uma meia de lã, deixando os joelhos expostos ao vento gelado. Protegendo a cabeça, um bonezinho, provavelmente também de lã. Mexia as mãos e caminhava com vigor, parecendo estar de muito bom humor. Sentamo-nos com nossas canecas de chá e ele falou um pouco sobre sua dedicação à pintura. Falou do rigor que era necessário para escolher as deidades e imagens que seriam pintadas nos templos. Era preciso estudar, meditar, projetar, testar. E, principalmente, se abrir para receber guiança espiritual sobre como fazer tal trabalho.

Esse é outro tema comum no Butão, o fenômeno de "receber" informações sobre como projetar templos, fortalezas e espaços sagrados. Eles dizem que existem três mundos – o terrestre, o espiritual e o astral, que é uma ponte entre os dois e pode ser acessado por meio de meditações, sonhos, experiências de êxtase e plantas de poder. Ouvimos dos guias e de Karma Ura que os reis do Butão sonharam como deveriam ser os Dzongs e alguns templos do país, trazendo essas informações do astral para que arquitetos pudessem projetá-los. Ali em Dochula Pass, por exemplo, havia uma espécie de mandala composta por 108 estupas (que são monumentos sagrados), construída a partir de visões e sonhos da mãe do atual rei do Butão. Lembrei na hora de uma palestra da escritora Liz Gilbert, autora de *Comer, Rezar e Amar*, contando que na antiguidade essa era também uma ideia comum no ocidente. Acreditava-se, por exemplo, que os artistas recebessem uma inspiração divina para criar. E, em algumas culturas, o nome dado a essa inspiração era "gênio". Foi durante o Iluminismo moderno, quando o racionalismo colocou o ser humano acima de qualquer narrativa mágica ou sobrenatural sobre a vida, que a ideia de ter um gênio foi deixando de fazer sentido e os próprios artistas passaram a ser chamados de gênios. E foi também nesse momento que muitos músicos e escritores começaram a ter profundas angústias e ansiedades internas, muitas vezes anestesiadas pelo alcoolismo. Liz acredita que colocar sobre o frágil ego humano o peso de toda a responsabilidade pela criação foi um erro. Para ela, a criatividade é um campo mágico com o qual nos conectamos e que canalizamos em nossas obras. E a coragem de Liz ter falado sobre essa magia em uma conferência do TED, que é reconhecida pela eloquência racional, científica e pragmática de ideias, me faz amá-la ainda mais. Acredito que essa grande magia sobre a qual Liz falava era análoga ao que os butaneses chamam de receber informações do astral para materializar no mundo terrestre. Vou inclusive confessar que foi numa meditação que a ideia de abrir esse livro falando do Indiana Jones apareceu. Não sei se eu estava "recebendo uma guiança do astral", mas me parece mais leve criar com a perspectiva de que a própria criação é maior do que eu mesma.

Enfim, parei de devanear e voltei a prestar atenção na conversa com Karma Ura. Alguém do grupo usou uma expressão que ele achou correta para descrever o Butão, "país-semente". Um país pequeno, com pouco dinheiro e quase nenhum poder de influência no mundo, mas que tem em si o potencial gigantesco de uma semente. Uma semente de paz, segundo aquela conversa sobre o Dharma. E por falar em semente, a fertilidade era exatamente o tema de nossa próxima parada.

...

Depois de Dochula Pass, seguimos viagem por mais uma hora até o final da tarde. Enquanto diminuíamos a velocidade, todas as mulheres de nosso ônibus começaram um pequeno burburinho que logo se transformou numa sucessão de gritos fazendo nossos guias caírem na gargalhada. É que pela janela avistávamos, nos muros e nas vitrines das lojas, em diversos formatos, cores e materiais, centenas de pinturas e esculturas de pênis! Moles e rijos, miniaturas ou monumentais, tinha falo para todos os gostos. "Chegamos à terra do pinto!" alguém gritou e fez todo mundo rir ainda mais.

Estávamos em um templo muito antigo, erguido para homenagear um mestre que esteve no Butão um pouco antes de sua unificação, lá pelo século 15, chamado Lama Drukpa Kunley. Um sujeito tão fora dos padrões em sua forma de ensinar a espiritualidade que recebeu o sugestivo apelido de Divine Madman.

O Madman era radical em seus estudos sobre a não-dualidade, ou seja, a ideia de que não existe o bem e o mal, o certo e o errado, mas absolutamente tudo é uma expressão divina. Ele vivia isso. Andava pelado e bêbado compondo canções e recitando seus poemas com um humor escrachado. Por mais difícil de acreditar que fosse, essa era sua forma de ensinar o Dharma às pessoas. A história mitológica que se conta sobre ele é que há muitos séculos havia naquela região um demônio poderoso e muito difícil de ser combatido. Ele se manifestava roubando a fertilidade das mulheres. Madman foi o único mestre capaz de derrotar esse demônio e devolver a capacidade de gerar filhos àquele povoado. É interessante considerar que em geral os demônios representados em mitologias religiosas e espirituais representam aspectos de nossa humanidade, como símbolos de partes que todos nós temos em nosso mundo interior. O bloqueio da fertilidade daquele vilarejo me remetia ao bloqueio interno que eu sentia de minha própria criatividade, da espontaneidade de minha expressão. Então, pisar em um lugar com um templo dedicado a lidar com isso era me abrir para olhar para essas partes internas.

Entramos no templo e bem do fundo veio um Lama que morava lá, um senhor gordinho e sorridente com andar preciso e rápido. Ele é o responsável até hoje por canalizar a bênção do Madman que tínhamos ido receber. Essa bênção é transmitida a partir de um longo pênis de madeira (um símbolo da fertilidade) que ele segurava com as duas mãos bem pertinho de nossas cabeças dizendo algumas palavras em butanês e dando uma batidinha na parte de cima do crânio bem de leve no final.

Era muito tentador achar aquilo tudo engraçado ou surreal, mas assim que entramos ali eu tive uma sensação muito parecida com a de quando fumei tabaco pela primeira vez adolescente. Pressão baixa, tontura, dificuldade de ficar em pé. E, assim que recebi a bênção, minha pressão caiu tanto que precisei me sentar no canto do templo. Minha mente disparou em busca de explicações. Devia ser a altitude, o excesso de deslocamentos, as poucas horas de sono, o fuso horário da Ásia com o qual ainda não tinha me acostumado, eram intermináveis os argumentos. Mas essa voz da mente foi perdendo sua força, pois eu me sentia tão fraca que só conseguia me concentrar em não desmaiar, não sobrava nem um pingo de energia para prestar atenção às explicações mentais. E então, algo difícil de explicar aconteceu. Um clarão que era ao mesmo tempo como um apagão. Um silêncio bem parecido com aqueles poucos segundos antes de pegar no sono, quando às vezes somos interrompidos pela sensação de estar caindo. Deve ter durado pouco, mas enquanto durou o tempo era imensurável, como se eu tivesse parado na eternidade. Nenhum pensamento. E então, tive um entendimento sobre porque o Indiana Jones e sua busca pelo cálice sagrado e pela vida eterna me tocaram tanto quando criança. Naquele lampejo de pura presença em que me senti acessando a própria eternidade eu compreendi que a busca pela vida eterna é a busca da própria presença. Eu já tinha experimentado essa sensação de pura presença muitas vezes, descendo longas ladeiras de bicicleta, desenhando, cozinhando e mesmo agora escrevendo. Sentada no cantinho daquele templo totalmente preenchida de mim eu compreendi que beber a água do cálice sagrado simbolizava fazer o que se ama com tanta presença a ponto de se dissolver na ação. Então fui lentamente sentindo a força de meu corpo voltar e abri os olhos revigorada.

Senti que minha mente tinha dado um "reset". Todos os cálculos mentais que eu vinha fazendo para tentar compreender o Butão, o FIB e suas possibilidades de impactar o mundo colapsaram em silêncio e ficou claro o quanto a realidade é muito mais rica e misteriosa do que minha mente pode alcançar. Se o Butão pode nos ensinar a ser mais felizes? A verdade mesmo é que nenhum de nós sabe. Especialmente na imprevisibilidade de um mundo tão complexo, que vem mudando tanto e tão rápido. Porém, do silêncio, eu visualizei mais uma vez aquela ideia de que a única coisa que podemos fazer é plantar sementes em solos férteis.

Fiquei em silêncio o resto do tempo que passamos no templo. Depois, me sentei no canto do ônibus e cochilei a viagem toda até Punaka. De noite, chegamos ao hotel e colapsei de sono.

CAPÍTULO 5

O TEMPLO DO DESAFIO

Tudo naquela manhã parecia mais simples. Meu corpo já estava acostumado à altitude, ao fuso horário, à comida. Butanês já não parecia um idioma de outro planeta. Era chegado um momento que eu simplesmente amo sentir sempre que saio pelo mundo investigando alguma coisa – a rotina da viagem. A naturalidade de circular por paisagens desconhecidas, depois que passam a ansiedade e a adaptação dos primeiros dias. A tranquilidade de me deixar permear por novas versões sobre como se vive a vida em outras culturas, sem estar preocupada com perguntas ou respostas.

Tomei café da manhã com calma, sem nem querer saber qual era a programação do dia. E, quando o ônibus nos deixou no meio de um gigante campo de cultivo de arroz, fiquei um bom tempo passeando os olhos por toda aquela vastidão. As plantações estavam acomodadas em íngremes encostas, formando uma enorme escada de degraus encharcados onde nasciam os pés de arroz, acompanhando as ondulações das montanhas como se tivesse sido esculpida pela própria natureza e não por mãos humanas. Ou melhor, foi a natureza que plantou aquele arroz, as mãos humanas são parte dela. Sim, acordei poetisa naquele dia.

Começamos uma caminhada montanha acima por entre as plantações. A cada passo eu ia me afastando do vale e a vista panorâmica ficava ainda mais deslumbrante. Ao fundo era possível enxergar um minúsculo trator vermelho, onde mal cabia o motorista sentado, colhendo arroz lenta e silenciosamente. No pico mais alto da montanha, bem longe, dava para ver uma luz dourada reluzente. Era o topo do templo que visitaríamos naquele dia. E a montanha cada vez mais íngreme que estávamos subindo era uma preparação fundamental para compreender as lições que receberíamos naquele templo, chamado Nyenzergang.

Estávamos pisando nas terras do palácio real de veraneio. O Nyenzergang era como um quintal desse palácio e havia sido encomendado pela mãe do rei – naquele mesmo esquema de receber informações do astral. Ela intuiu que seu filho tinha como missão de vida lidar com um dos maiores desafios da história do Butão, que é abrir suas fronteiras para o turismo e a globalização entregando ao mundo seus tesouros sem se deixar atropelar por ele. Mostrar as pérolas de sua cultura sem colocá-la em risco. Receber do Ocidente a riqueza financeira e intelectual sem se corromper. Um desafio que é como andar na corda bamba do caminho do meio, sem brechas para deslizes. Então, ela teve um sonho sobre como deveria ser construído o Nyenzergang. Um templo quadrado, com três andares que iam ficando menores de baixo para cima, formando uma espécie de pirâmide. No topo, uma estupa deveria ser construída e preenchida por uma estátua verdadeiramente valiosa. Após as duas horas de caminhada, alonguei meu corpo e recuperei o fôlego para poder adentrar na materialização do sonho da rainha-mãe.

Dei uma volta caminhando em torno do Nyenzergang antes de entrar – mais um costume butanês que já era parte de minha rotina. Na parte de trás do templo havia uma escultura linda e bem diferente das outras a que eu tinha me habituado. Era mais artesanal, com imperfeições aparentes, mas a expressão era forte e tocante. Uma mulher comprida, com longos cabelos dourados, segurando uma jarra com as duas mãos de onde saía um fio d'água. Dorji me explicou que ela era um símbolo da compaixão, derramando suas boas intenções sobre as situações da vida. A rainha-mãe intuiu que apenas a compaixão podia preparar o rei para atravessar o desafio da globalização do Butão.

Logo na entrada do Nyenzergang eu podia ouvir um monge que estava no segundo andar fazendo rezas acompanhadas de um pequeno tambor. Tive uma mini crise de riso porque o som de sua voz e a rapidez com que falava aquelas palavras impronunciáveis me lembraram imediatamente do saudoso Scatman dos anos 90 (se não souber do que se trata, procure no YouTube para entender por que achei tão engraçado). Estava me segurando para não rir alto e então compreendi ainda mais claramente o tamanho do desafio que é o Butão se abrir para outras culturas conseguindo preservar a própria. Foi inevitável cometer a heresia de comparar o monge ao

Scatman, mas aquelas eram rezas sagradas de uma cultura que estava gentilmente se abrindo para que eu pudesse conhecê-la. Então respirei fundo para liberar aquele pensamento e voltar a pisar naquele templo com respeito. Passei os olhos pelas paredes e era impressionante como em poucos segundos eu tinha ido da gargalhada para a perplexidade. As paredes do Nyenzergang estavam cobertas de imagens do Buda, mas para quebrar a rotina elas estavam completamente transformadas por feições raivosas e ameaçadoras. As representações do Buda estavam iradas, uma das formas que Buda assume por compaixão para espantar demônios realmente desafiadores – (lembre-se de que os 'demônios' são nossos aspectos internos, que nesse caso podem ser entendidos como pensamentos). Cores avermelhadas, fogo, dentes e caretas assustadoras, para não deixar demônio nenhum nem cogitar entrar. Era um templo que fazia alusão à importância de se ter firmeza no Dharma.

Subimos para o andar superior e pude ouvir as rezas do monge mais de perto. Sentamo-nos para meditar um pouco naquele andar. Eu sentia que, ao fazer aquelas rezas, o monge era como um guardião daquele espaço e da missão de preservar as pérolas mais preciosas do Butão. Abri os olhos e notei que os Budas estavam ainda mais irados naquele segundo andar, como se aquela fosse a segunda fase de um jogo de videogame, mais desafiadora do que a primeira, no andar de baixo. Essa analogia ficou na minha mente quando chegamos ao terceiro andar do templo. Aquela só podia ser a fase do chefão! Budas irados gigantescos por todo lado em vermelho berrante e feições que eu tinha que me segurar para não imitar quando olhava de perto, de tão impactantes que eram. Era como se aquele terceiro andar fosse o pico máximo do desafio da abertura do Butão. Então, Dorji nos levou por uma escada em caracol até o topo do templo, onde ficava a estupa dourada e reluzente que eu tinha enxergado no começo da trilha. Lá de cima, a vista das plantações de arroz que desciam pelas montanhas até o vale por onde serpenteava o rio era sublime. Dentro da estupa, Dorji nos mostrou uma outra estátua de Buda, com a feição serena à qual estávamos acostumados.

– Eu já estava com saudades do Buda comum – brinquei.

– Este não é um Buda comum – Dorji me respondeu.

– Não é? – perguntei reparando se havia algum detalhe na posição de suas mãos que estivesse passando despercebido por mim.

– Não, esta é uma estátua falante – explicou ele serenamente.

– Como é que é? – perguntei.

– Essa estátua já falou com muitas pessoas – ele disse.

Confesso que julguei. Mas, como eu não queria provocar os Budas irados que estavam abaixo de meus pés, achei melhor não cultivar esses pensamentos de julgamento.

– Como faço para falar com a estátua? – perguntei com a maior honestidade de que fui capaz.

– É preciso pedir com real devoção – disse ele.

Então eu dei uma disfarçada, olhei para o rio, as plantações, caminhei para lá e para cá, e me posicionando em frente à estátua, olhando bem nos olhos de Buda, comecei a falar internamente, com pensamentos:

– Oi, estátua, preciso confessar que acho bem estranho me dirigir a você, mas eu gostaria muito de poder ver seu poder, de ouvir você falar. Pode me mostrar?

– O que você pensa que está fazendo?

– Estátua? É você!?

– Óbvio que não, sua maluca.

– Quem é você, então?

– Eu sou sua consciência e vim aqui para lhe dizer que você só pode ter enlouquecido de tentar se comunicar com uma estátua de metal, que, segundo um cara que você conheceu há três dias, é uma estátua falante!

– Minha consciência? Tem certeza?

– Ok... eu não sou sua consciência... eu sou o seu orgulho... Será que dá para pelo menos disfarçar e fingir que você não está tentando falar com uma estátua de metal na frente de todo mundo?

Olhei em volta para checar se alguém parecia estar me achando louca. Mas cada um estava em sua viagem olhando para a estátua ou para a paisagem, ninguém parecia muito preocupado comigo. Então relaxei, parei de tentar me comunicar com uma estátua de metal e fiz uma oração sincera.

– Buda, obrigada por tudo que estou podendo viver neste país. Todas essas informações e histórias estão me tocando muito. Por favor, me ajude a escrever um livro sobre tudo isso que estou vivendo. E, se tiver alguma orientação sobre isso, estou aberta para ouvir. Me ajude, Buda, a ser um canal puro de criatividade para poder escrever sobre o Butão.

Dorji começou a cantar um mantra e deixei que minha oração se dissipasse junto com aquela melodia. Naquele momento eu acreditava que ser um "canal puro" da criatividade seria neutralizar quem eu sou e escrever sobre o Butão sem deixar que minhas manias, dramas internos e referências da cultura pop interferissem na história. Só ao começar a escrever eu compreendi que ser um canal da criatividade é deixar que a criação atravesse esse meu mundo interno e seja moldada por ele para existir na matéria. Envolve imprimir tudo o que eu sou na criação, não me neutralizar na expectativa ingênua de produzir uma obra "pura". Uma pureza desse tipo seria de plástico, resultaria em um livro escrito por mim, mas vazio de mim. Talvez tenha sido através desse insight que a estátua falou comigo e essas sejam palavras do Buda que estou canalizando. Não sei, mas fato é que foi lá no templo do desafio que eu tive a coragem de encarar o profundo medo de me mostrar como sou.

...

Descemos de volta a montanha das plantações de arroz até chegarmos à beira do rio. Lá, caiaques e remos nos esperavam para descer a correnteza. O tempo estava mais ameno e foi gostoso molhar os pés naquela água gelada tão energizante do Himalaia. Dorji me explicou que rio, em butanês, é "chu", a mesma palavra usada para água. Achei profundo um idioma que compreende que o líquido que bebemos do filtro, com o qual nos banhamos no chuveiro e que vemos circular nos rios é um só.

Saímos deslizando pela água e tomamos vários caldos por causa da correnteza, mas chegou um momento em que nosso grupo sincronizou as remadas e aprendeu a navegar com mais sutileza pelo rio. As cores do rio e do céu pareciam tonalidades exclusivas de azul, existentes apenas lá. E a vista panorâmica das montanhas butanesas ganhou ainda mais magnitude de dentro daquele rio. Fluímos com naturalidade e em silêncio por um bom tempo. E, ao sair da água gelada, aproveitamos o calor do sol.

Trocamos de roupa no ônibus e fomos almoçar, ao ar livre, um macarrão ensopado bem delicioso, acompanhado de bolinhos de legumes fritos e uma cerveja butanesa bem honesta. Minha vibração ia nas alturas. Eu estava em profunda paz. Talvez fosse a endorfina circulando em meu corpo após o tanto de exercícios físicos que fizemos naquele dia, mas certamente tinha a ver com a travessia interna que a visita ao templo do desafio me proporcionou. E foi esse bem-estar que me permitiu ir tão fundo na experiência que veio no dia seguinte.

CAPÍTULO 6

A MÃE. SEMPRE ELA.

Dorji nos esperava no saguão do hotel bem cedo para começarmos o dia com uma meditação guiada. Fizemos alguns exercícios de respiração, um tempo de concentração em silêncio e então ele nos deu uma instrução simples e profunda: agradecer à mãe por estarmos vivos, mas eu fiquei com uma dúvida.

– Devemos agradecer às nossas próprias mães, a todas as mães ou à Mãe Terra?

– No budismo, acreditamos que todas as coisas vivas estão interconectadas, os átomos vão circulando e se transformando em novos corpos, então todos os seres podem já ter sido em algum momento sua mãe.

– Agradecer à mãe, então, é agradecer a tudo o que está vivo?

– Isso mesmo.

Ali eu senti com muita verdade e clareza essa força que a cultura latina chama de Pachamama. Conforme ia agradecendo, senti como se um grande colo me acolhesse. Tudo que estava remexendo dentro de mim naquela viagem, dos talentos às vergonhas, passando pelo medo de me mostrar como sou, foi acolhido pela Grande Mãe enquanto eu meditava com a guiança de Dorji. Sublime.

Tomamos café da manhã todos juntos após a meditação. Dorji já estava íntimo de nosso grupo, fazia pequenas piadas conosco. Ele trazia consigo um calhamaço de papéis com mantras e meditações guiadas e ficava especialmente entusiasmado a cada ensinamento que podia nos transmitir. Boa parte daqueles papéis ficaram intocados pois não havia tempo para o tanto de conhecimento que ele passou a vida acumulando, mas ele também não se frustrava por isso. Era interessante vê-lo trabalhar, fluindo conforme as necessidades do grupo e aproveitando cada pequena brecha para ensinar o que fosse possível. Algumas dessas lições me fazem refletir até hoje, sem a plena compreensão do que ele quis dizer. Por exemplo, segundo Dorji todo treinamento de meditação, no fundo, serve para sabermos o que fazer na hora de morrer, para termos consciência de que estamos morrendo e sabermos desapegar da matéria, subir em direção ao espírito. Confesso que ainda não compreendo muito bem essa explicação. O que ela lhe diz?

...

Depois do café, saímos de ônibus. Quando chegamos à primeira parada daquele dia, Dorji estava especialmente animado. Subimos uma ladeira com um pequeno caminho de concreto cercado de grama e árvores. Longas bandeiras verticais, vermelhas, azuis e brancas, sacudiam com o vento. Uma placa preta com letras douradas e estrutura de madeira pintada à mão ficava em nossa passagem. Lá dizia que estávamos entrando no Sangchen Dorji Lhundrup Choeling Buddhist College for Nuns. Era um monastério de mulheres. E a razão que deixava Dorji animado era elas estarem prestes a começar uma cerimônia muito rara, que marcaria o final de um retiro de vários dias em jejum. Pediu que ficássemos em silêncio durante o caminho para não interferir no trabalho.

No topo da ladeira, parecia que havíamos chegado a outra galáxia. Três pequenas casas coloridas cercadas de um jardim impecável poderiam ser facilmente confundidas com a sede administrativa do céu – esse era o tipo de frase que eu não tinha nem pudor de pensar enquanto estava naquele lugar, de tanta e tão rara beleza. Uma grande estupa com um símbolo de Buda na parte de cima olhando para as quatro direções ficava bem em frente do templo, que tinha sua entrada marcada por duas estátuas de monjas meditando. De lá era possível ver as colunas internas de madeira esculpidas e coloridas à mão com tantos detalhes que pareciam ter sido feitas durante toda a eternidade.

Quando entramos, havia dezenas de monjas sentadas sobre mesas retangulares bem compridas e douradas, todas de cabelos raspados e roupas cor de laranja. Cada uma tinha a sua frente um pequeno estojo retangular, com uma pilha de papéis que traziam mantras escritos. Na mesa lateral, duas monjas tinham um instrumento que parecia um cruzamento de clarinete com Didgeridoo (aquele tubo grandão usado pelos aborígenes australianos)

e a seu lado a líder daquela cerimônia segurava dois pratos que eram tocados com a mão, como se fossem uma versão gigante da manjira indiana. Bem no centro do salão, quatro monjas tinham enormes tambores com a circunferência grande e pele dos dois lados. Esses tambores eram segurados por hastes de madeira, como se fossem enormes panelas, erguidos ao alto para serem tocados com baquetas compridas e acolchoadas nas pontas, parecidas com cotonetes gigantes.

A cerimônia começou com mantras sendo entoados por todas juntas. Então, as cornetonas e tambores soaram e a força musical que preencheu aquelas palavras sendo rezadas foi de arrepiar. Fechei os olhos e senti que aquele ritual criava uma estrada sutil que me levava a viajar por dentro de mim. Muitas imagens que eu poderia descrever como psicodélicas passaram por minha mente. Eram rostos quase humanos com panos e feixes de luz coloridos balançando como se estivessem refletidos numa superfície de água. Parecia que essas imagens me lavavam por dentro com luz dourada.

É tentador comparar monastérios femininos aos masculinos. A energia era bem diferente, mais sutil e acolhedora, e ao mesmo tempo mais profunda também. Em meio àquela viagem interna, agradeci de novo à Mãe por estar viva e pelo privilégio de ver aquela cerimônia acontecer. Pude entender que há algo de muito grandioso no que é simples e belo. Quando os humanos chegam perto da maestria das cores e sons da natureza, os pensamentos se dissolvem na beleza, mesmo que por poucos segundos. Foi bonito poder viver aquilo.

Ficamos cerca de uma hora lá, em que eu variava entre observar o espetáculo do lado de fora e viajar por dentro de mim. Quando terminou, saímos em silêncio. Dorji reforçou baixinho o quão rara era a oportunidade de ver aquela cerimônia. Disse que em sua pureza as monjas conseguiam em cerimônias como aquela enxergar as deidades budistas chamadas Dakshinis. E contou que quando morou em um monastério, após muitos anos de estudos e preparo, ele assumiu o papel de líder de cerimônias parecidas. O sorriso de seu rosto vibrava enquanto falava.

Saímos passeando pelo templo, tocados e silenciosos. Desci uma escadaria e comecei a caminhar pelas casinhas impecáveis das monjas, cada uma com um jardim cheio de flores de cores diferentes. Então, vi um pequeno varal com as roupas das monjas penduradas. Sem compreender muito o motivo, aquela cena me tocou. Lembrei que elas eram humanas. Lembrei que eu própria era humana, que tinha um corpo – um corpo, aliás, que precisava muito fazer xixi depois de tanto chá. Encontrei um banheiro que era daquele tipo que fica no chão e precisamos nos agachar para utilizar. Foi gostoso ficar de cócoras, me sentir energizada, pulsando, numa conexão entre aquele céu por onde naveguei no ritual e a terra que é o meu corpo. (Tudo bem eu ter perdido o pudor de falar essas coisas, né?).

...

Seguimos para o Punaka Dzong, que foi o local de fundação do Butão. É o maior dos Dzongs do país e fica erguido exatamente no encontro entre dois rios. Um deles, explicou Dorji, tem uma energia masculina e o outro tem qualidades femininas.

– Há algo que a gente possa ver nos rios e nos mostre esse feminino e esse masculino? – eu quis saber.

– São atributos energéticos, não são visíveis para nossos olhos. É preciso sentir isso internamente – ele respondeu.

Tentei fazer isso de sentir internamente, olhando em silêncio para os rios, mas minha mente sempre escapava, tentando reparar nas diferenças entre a força das correntezas, a cor de cada rio, qual tinha mais pedras. Externamente, porém, eles pareciam iguais. Foi então que captei algo. Pude me conectar com o ritmo das águas correndo e perceber que ele tinha um pulso, uma marcação, como um coração batendo. Fechei os olhos e senti como se meu próprio coração estivesse se sincronizando com o pulso dos rios. Quando abri os olhos de novo, durante poucos segundos, pude ver que um dos rios avançava levemente sobre o outro como uma lança. Essa lança era recebida por um abraço de águas que se abriam para envolvê-la. A lança era o rio masculino e o abraço era o rio feminino. Talvez, nesse breve lapso de tempo, eu tenha me conectado com a natureza particular de cada rio, com sua personalidade e sua expressão no mundo. "Ou talvez o chá das monjas tivesse alguma substância psicoativa", respondeu aquela mesma voz interna que queria desmascarar o Butão no começo da viagem. E eu me abri com um abraço para envolver essa voz e rir junto com ela da hipótese de as monjas terem me deixado doidona. Então, subitamente, esse instante em que parei de brigar com essa voz interna fez cair mais um saco de areia daquele meu balão. Voei um pouco mais alto, trazendo essa rabujentinha cética interna abraçada bem perto de mim. Ela é fofa, na verdade, pois me ajuda a manter os pés no chão.

E foi assim que caminhei para o interior do gigantesco Punaka Dzong. Estava lotado e muitos monges corriam, atrasados para uma cerimônia que começaria em poucos minutos. Outros tinham desistido dela e estavam vendo coisas juntos em um smartphone. Foi uma cena diferente, várias cabeças em torno da mesma tela interagindo entre si – um uso muito menos isolado do que eu estava acostumada a ver dessa tecnologia. Eles riam muito. Como a tela estava contrária a mim, não pude ver o que mostrava. Fiquei curiosa até hoje.

Subi uma escadaria de degraus bem curtos e com enorme distância entre eles, claramente feita para gigantes esguios, não para mim. Cheguei esbaforida ao último andar. Passeei pelos salões e pátios cheios de atividades acontecendo. Pelos santuários, grupos em meditação, pinturas. Senti que meu corpo não dava conta de absorver tantas informações, então fui apenas caminhando e contemplando. Quando entramos no templo central, me afastei um pouco do grupo que ficou com Dorji.

Dei uma volta pelo salão olhando de perto tudo que chamava minha atenção. A feição das imagens do altar, a reação emocionada de cada pessoa ao entrar lá, o sorriso interminável do monge que fazia visitas guiadas com estrangeiros. Quando cheguei perto novamente do grupo, Dorji falava de uma passagem na vida de Sidarta Gautama que eu desconhecia. É um momento em que ele já havia se iluminado e se tornado Buda, mas sentia saudades de sua mãe e subiu até o céu para visitá-la e pedir um pouco de colo para dar conta da vida na Terra. Fui imediatamente tomada de saudades de minha própria mãe. Desejei poder ir até o céu vê-la. Mais do que colo, que é sempre bom, naquele momento eu queria mais era agradecer mesmo, por tudo que ela deu conta de me entregar nessa vida. A fé, a vibrante veia artística, a beleza, o bom humor e o dom de se divertir sozinha, a virtuosidade de ter feito as pazes com todas as inimizades antes de morrer.

A lembrança de seu sorriso me conforta até hoje, é uma espécie de céu ao qual posso recorrer quando as coisas apertam. Por isso, eu agradeci. Se eu estava ali me abrindo em terra fértil para receber os ensinamentos daquele país-semente, era através desse canal-mãe que eu tinha passado. Compreendi com mais clareza o exercício proposto por Dorji de agradecer à mãe. Fui tão profundamente tomada por essa gratidão que as palavras se tornaram desnecessárias até o final daquele dia. Já sentiu isso?

CAPÍTULO 7

O PODER DE UMA SEMENTE

Daria para dizer que tudo o que vivemos no Butão havia sido uma preparação para aquele último dia de viagem, quando percorremos uma trilha de três horas montanha acima para conhecer o lugar mais famoso do país. Sim, como você já pode intuir, esse lugar era um templo! Eu já tinha visto várias fotos dele, incrustado bem no meio de uma montanha tão íngreme que chega quase a ser uma linha vertical, e sempre me perguntei "como pode ter sido possível erguer essa construção nesse lugar?". O nome do templo é Tiger's Nest, pois se acredita que ali havia de fato um ninho de tigres muitos séculos atrás. Também porque foi lá que pousou um tigre voador transportando Lama Padmasambava, o mestre que trouxe o budismo para o Butão, no século 8. Bem, àquela altura com estátuas falantes e mantras lisérgicos, um mestre budista voando sobre um tigre parecia perfeitamente razoável.

Chegamos ao começo da trilha e Dorji propôs que subíssemos juntos, para que ele pudesse me contar a história da construção do Tiger's Nest. Lá fomos nós, caminhando bem rápido e parando de vez em quando para apreciar a vista. Algumas passagens do que ele me contou são conhecidas por bem pouca gente, mesmo no Butão. Foi inclusive Dorji quem as apresentou ao atual rei. E, bem, se eu tinha achado a história da fundação da monarquia butanesa folclórica, mal sabia o que estava por vir...

Lá pelo século 7, a região onde hoje fica o Tibet era governada por um rei muito devoto dos ensinamentos de Buda. Ele queria construir um templo para honrar esses ensinamentos, mas não conseguia. A estrutura mal começava a ser erguida e desmoronamentos inexplicáveis colocavam tudo abaixo. O rei então pediu ajuda a seu conselheiro, um homem muito velho e sábio. O conselheiro lhe disse que a única forma de construir o templo seria trazer para o Tibet um mestre do budismo tântrico que estava ensinando o Dharma na Índia, chamado Lama Padmasambava. Era preciso ter a bênção dele para poder construir.

– Mas como posso encontrar um mestre que nem conheço em um país tão gigantesco? – perguntou o rei.

– Não se preocupe, meu rei, o senhor o encontrará porque nós já estamos conectados – respondeu o sábio.

– Como assim? – quis saber o rei.

– Nós já estivemos juntos em uma vida passada e é nosso propósito nos encontrarmos agora – explicou o sábio, começando na sequência a descrever a vida passada que eles tiveram em comum.

Muitos séculos antes, na região do Nepal, havia uma mulher com muita fé nos ensinamentos do Dharma. Havia quem dissesse que ela era a própria encarnação da compaixão. Essa mulher teve quatro filhos e uma vida bastante humilde. Seu trabalho no reino era cuidar dos pássaros. Um dia, ela sentiu um chamado interno para construir uma estupa, um lugar sagrado onde pudesse rezar e derramar suas intenções de paz sobre o planeta. Foi então ao rei da região pedir autorização e um lote de terra para construir a estupa. O rei lhe perguntou de quanto espaço precisava e ela mostrou um pano que trazia enrolado sobre a cabeça dizendo que daquele tamanho bastava. O rei então disse que ela tinha permissão para construir a estupa onde quisesse.

Ela caminhou por algumas semanas até encontrar a localização que lhe parecia exata. Então, pegou seu pano e cortou em dezenas de pequenas tiras, amarrando suas pontas uma na outra, até criar um círculo bem grande. E, dentro dele, começou sua construção. Dia após dia, com a força das próprias mãos, ela construía lentamente sua estupa.

Alguns meses se passaram e a mulher morreu sem concluir sua obra. Seus quatro filhos se ajoelharam em frente à estupa incompleta com seus corações em luto. Rezaram pela mãe e assumiram a construção como uma forma de respeito e honra. Quando a estupa ficou pronta, os quatro sentiram um chamado interno para espalhar pelo mundo os conhecimentos do Dharma tão caros a sua mãe. Então, o filho mais velho jurou que na próxima vida seria um rei que iria fomentar os ensinamentos do Dharma para seu povo. O segundo irmão pensou que, para isso, esse rei precisaria de um professor, então jurou que seria um monge e conselheiro real. O terceiro irmão jurou que seria um poderoso mestre do Dharma, um canal direto da fonte universal de conhecimento, para instruir esse rei. Mas, para que esses desejos pudessem se realizar, era preciso que eles se encontrassem nessa próxima vida. Então, o irmão mais novo jurou que faria esse encontro acontecer.

– Agora, aqui estamos nós, o senhor era o irmão mais velho e se tornou rei do Tibet, eu sou o segundo irmão, seu conselheiro, e o mestre Lama Padmasambava, que precisamos trazer da Índia para construir o templo, é o terceiro irmão – explicou o conselheiro.

– Compreendo – disse o rei, profundamente tocado por aquelas palavras.

– O nosso Ministro de Guerra era o quarto irmão daquela vida e é ele que o senhor deve enviar à Índia para trazer Lama Padasambava. Lá ele saberá o que fazer.

O rei sentia em seu coração que aquelas palavras eram verdadeiras. E foi naquela conversa que compreendeu porque seu sábio conselheiro era tão velho – ele precisou viver por 900 anos para que os quatro irmãos pudessem se encontrar. O rei então mandou seu Ministro à Índia e alguns meses depois voltou trazendo Lama Padmasambava. Enfim, os quatro homens que haviam sido irmãos na vida anterior se encontraram e o templo pôde ser construído.

Padmasambava ficou durante algum tempo no Tibet, onde fazia profundas meditações com sua consorte (companheira espiritual). Até que um dia, durante uma dessas meditações, eles entraram em uma espécie de transe. Padmasambava então começou a sentir toda a maldade humana atravessar seu corpo e pôde ver com clareza como ela estava crescendo no mundo. Nesse transe, ele se transformou no Guru Dorje Drolo, uma espécie de Buda irado. Sua companheira se transformou em um tigre voador, no qual ele subiu e saiu sobrevoando o planeta. Naturalmente esse voo em direção ao Butão os fez pousar onde hoje está o Tiger's Nest, um lugar que é considerado como um dos principais meridianos de energia do planeta. É como se fosse um ponto nevrálgico da Terra, escolhido estrategicamente por Padmasambava para meditar e realizar rituais tântricos – essa era a ação que ele acreditava ser possível para impedir que a maldade destruísse nossa espécie humana.

Nesse ponto onde está o Tiger's Nest, Padmasambava passou muitos meses em meditação e muitos demônios (na forma de pensamentos) tentaram atacá-lo, mas sua forma de Guru Dorje Drolo sempre os espantava. Então, os demônios cessaram e ele conseguiu se estabelecer naquele local, metamorfoseando-se no Guru Rinpoche, que foi quem disseminou os ensinamentos do Dharma no Butão. Até hoje, Guru Rinpoche é cultuado no Butão e sua imagem aparece em praticamente todos os templos do país.

O lugar onde Padmasambava na forma de Guru Rinpoche meditou passou a ser considerado sagrado após seu falecimento e muitos praticantes espirituais iam até lá realizar rituais e oferendas. Após a unificação do Butão, em 1692, um dos governantes do país realizou uma grande cerimônia do fogo na região e mandou construir um templo em homenagem ao Guru Rinpoche. Foi a primeira versão do Tiger's Nest e, segundo Dorji, o próprio Guru Rinpoche enviou do astral a sua bênção para que aquela construção fosse possível – assim como aquela estupa do Nepal e aquele templo do Tibet precisaram de seu amparo espiritual para serem erguidos. Em comum, esses três templos tinham a trajetória da alma de Lama Padmasambava na disseminação do Dharma pelo mundo.

É possível que parte dessa história seja mítica, mas seus ensinamentos são reais. Um deles, a meu ver, é refletir sobre como nossas ações, por menores que pareçam, fazem diferença no mundo, podendo reverberar por muitos séculos e resultar em grandes desdobramentos. Uma mulher tentando construir uma estupa com as próprias mãos para expressar sua devoção... Vejam só tudo o que ela causou! Foi com essa reflexão que terminei o caminho para conhecer aquele lugar tão misterioso.

...

Conforme nos aproximávamos do Tiger's Nest eu tinha a sensação de estar entrando em todos esses templos ancestrais ao mesmo tempo. Foi o momento mais "Indiana Jones" da viagem inteira, pois aquele poderia perfeitamente ser um dos cenários impressionantes e isolados onde ele ia viver suas aventuras. E, vendo ao vivo, confirmei o quão surreal é a forma como está encaixado na montanha! Eu me perguntava como foi que as pessoas conseguiram levar tijolos, concreto, tinta e tantas imagens sagradas até lá. Vale pontuar que aquele templo em que estávamos entrando não era o mesmo que foi erguido inicialmente lá no século 17. Ele foi incendiado e reconstruído algumas vezes. Mesmo assim, até para as tecnologias existentes hoje, aquela construção é surpreendente.

O Tiger's Nest possui vários salões e é visitado por muitos turistas do mundo todo. Os grupos não podem se demorar tanto nesses salões e os guias locais dão explicações breves sobre as imagens, estátuas e histórias ali representadas. Após passarmos por vários deles chegamos ao salão principal, onde ficava a própria caverna em que Padmasambava meditou. A sensação era de um lugar sem gravidade. Dorji nos apontou uma estátua de Padmasambava e contou que, durante a construção do templo original, ela estava sendo carregada montanha acima para ser colocada naquele lugar, só que o caminho era muito estreito e íngreme, o que tornava praticamente impossível levá-la até lá. Então, a estátua disse "não se preocupem, podem me deixar aqui que vou voando". Eles a deixaram no chão, seguiram a trilha, e quando chegaram ao altar viram que ela havia se materializado lá. Ficamos meditando naquela sala por algum tempo.

...

Naquele momento, provar que a materialização da estátua ou o voo do tigre eram verdade ou mentira já não me importava mais. Pode parecer que eu estava tomada de uma paixão ingênua pelo Butão, cega às leis da física e todas as contradições humanas que permeavam a experiência daquela viagem e a vida naquele país, mas não era uma cegueira. Claro que o Butão está cheio de contradições humanas – o mundo inteiro está. O ponto é que não fazia mais sentido escolher um lado que eu julgasse certo na dualidade que permeava todas essas contradições. Eu não tinha mais vontade de argumentar sobre de quem eram os erros humanos que davam força à intolerância, maldade ou destruição. A única vontade genuína e profunda que eu sentia era contar histórias inspiradoras como as que ouvi e vivi naquela viagem. Porque eu estava compreendendo que as histórias, em sua essência, não existem para provar pontos de vista. Elas têm um poder mágico de abrir espaços de potencialidades que vivem dentro de nós. Potencialidades como clareza, criatividade, inspiração, capacidade de empatia, força de vontade, integridade, entre tantas outras. As histórias podem funcionar como chaves para abrir os baús em que essas potencialidades ficam trancafiadas dentro de nós. Ok, Karma Ura podia estar certo quando falou que superestimamos a linguagem discursiva, mas as boas histórias são o óleo essencial dessa linguagem. Em vez de agitarem nossa mente em grandes debates, elas nos silenciam, precisam de espaço e tempo para reverberar dentro de nós. E, nesse reverberar, as histórias têm o poder de abrir caminhos – para que sentimentos suprimidos possam ser expressados ou novas ideias e paradigmas sejam compreendidos, por exemplo. Caminhar durante aqueles dias pelo Butão me deu plena clareza do poder das histórias e do quanto eu amo ouvi-las e contá-las. No meu eu mais profundo, senti que essa clareza era um alinhamento com meu Dharma, com aquilo que vim fazer no mundo.

Tudo isso se passava em meu mundo interno, enquanto estava de olhos fechados no Tiger's Nest. Então, Dorji me cutucou e estendeu até mim um cálice com óleo e pavio para que eu acendesse e oferecesse no altar. O cálice era tão parecido com o Santo Graal de Indy que fiquei arrepiada. "Encontrei o meu cálice sagrado!" pensei. De fato, eu havia encontrado algo que amo tanto fazer a ponto de me sentir em pura presença, sentindo-me dissolvida na eternidade. Ouvir e contar histórias fantásticas e inspiradoras é meu cálice sagrado da vida eterna, o que mais me faz sentir vibrante e a minha forma mais genuína de conexão com outras pessoas. Acendi, então, o pavio daquele cálice que Dorji me entregou e fiz uma oração agradecendo por aquelas compreensões. Os sacos de areia finais foram derrubados em meu balão. Agora eu tinha muito mais clareza de quem sou e do que vim fazer nesse mundo.

Saímos daquele salão e chegamos até uma espécie de sacada na lateral do Tiger's Nest. Lá de cima podíamos visualizar todo o caminho que percorremos pela trilha. Cada uma das pessoas de nosso grupo foi se amontoando em silêncio ali. Então, naturalmente, comecei a cantar um mantra bem baixinho, subindo gradualmente minha voz, até expressá-la a plenos pulmões. O mantra diz assim:

SAMASTA LOKA SUKINO BAVANTHU

Significa: que todos os seres de todos os mundos sejam felizes, livres e ditosos. Não havia mais nada a dizer senão segurar essa oração nas alturas e contemplar a eternidade do tempo presente. Aquela ficou gravada como a última visão, a última experiência naquele pequeno país-semente tão grandioso.

CAPÍTULO 8

NOVA DIMENSÃO

Na manhã seguinte, Dorji chegou cedo ao hotel e nos ofereceu uma oração de proteção, para que pudéssemos sair do Butão em segurança, podendo preservar e disseminar o que recebemos por lá. Demos muitos abraços de despedidas, trocamos contatos e seguimos para o ônibus com as malas nas costas. A caminho do aeroporto, eu vibrava em otimismo, mas, assim que nosso avião começou a levantar voo e descolamos das terras butanesas, fui tomada de ceticismo. Por mais poderosa que pudesse ser a história que eu trazia comigo daquele país, me aguardava no Brasil um caos político, econômico, social e ambiental. Uma polarização ainda mais acirrada. Senti esse ceticismo em todo nosso grupo à medida que um debate fervoroso sobre as contradições do Butão tomou conta de nosso pedaço no avião. Cheguei a me perguntar o quão real havia sido tudo o que tinha vivido. Também me questionei sobre quem teria tempo, disponibilidade ou abertura para ouvir falar sobre Butão e política da felicidade em um contexto tão caótico e emergencial como o que me esperava de volta em meu país. Para que serviria, de verdade, compreender as origens e o funcionamento de uma ferramenta como o FIB?

Foi então que percebi que aquilo era minha mente se agitando e caindo em Samsara. Olhei pela janela do avião, lá estavam as montanhas do Himalaia, esbranquiçadas de gelo, me lembrando de que tudo o que vivi naquela Learning Journey ao Butão foi uma experiência real, que está gravada em minhas células, e me aproximou um pouco mais de minha essência verdadeira. E então me lembrei de uma coisa completamente aleatória que respondeu àquele meu questionamento sobre a relevância de compreender o FIB.

Essa coisa aleatória é um livro de geometria do século 19 chamado Planolândia. Sim, eu sei, pode parecer estranho, a essa altura do livro, começar do nada a falar sobre um livro de geometria, mas confie em mim. Esse livro conta a história de um mundo plano, que continha apenas duas dimensões. Nesse mundo, viviam figuras geométricas – círculos, quadrados, triângulos, hexágonos e assim por diante. Essas figuras passeavam pela Planolândia mas tinham muito pouca consciência de si mesmas. Imagine só, o círculo passeando e dando de cara com o quadrado. Quando eles se olham de frente um para o outro, enxergam uma linha reta. Para que o círculo pudesse enxergar que o quadrado é um quadrado, ele precisaria descolar do chão e olhá-la de cima, mas eis que algo aconteceu: o quadrado, que era o protagonista da história, foi visitado por uma esfera. Ficou deslumbrado, pois aquele objeto era completamente diferente das linhas retas, que eram tudo o que ele conhecia. A esfera, então, o ajuda a se descolar do chão da Planolândia para enxergar como é a vida com uma terceira dimensão. Conforme ele subia lentamente, foi percebendo que as linhas eram, na verdade, figuras geométricas. Isso mudou profundamente sua forma de perceber o mundo em que vivia e os outros indivíduos com quem convivia. Aquela nova dimensão transformou sua consciência sobre a própria vida.

Esse livro foi citado na revista Nature no começo do século XX para elucidar as teorias do físico Albert Einstein, sobre novas dimensões. É um livro simples que ajuda a compreender o quão transformador é perceber a vida a partir de novas dimensões para além daquelas que enxergamos, consideramos e medimos. É precisamente isso que o FIB oferece ao mundo – uma nova forma de medir a realidade e, consequentemente, uma nova dimensão da existência. O FIB é uma régua nova que pode ser usada em qualquer lugar do mundo para medir o desenvolvimento humano numa escala individual, comunitária, corporativa ou nacional. É uma síntese de uma cultura secular comprometida em erradicar nosso vício humano em sofrimento. Uma cultura cheia de contradições também, claro, mas que tem esse presente genuíno para nos entregar. É um presente, porque medir as coisas de um jeito diferente é também planejar e moldar a realidade de uma nova maneira – e é assim que paradigmas mudam. Sutil o poder dessa semente. Ela é sua, agora.

Copyright © 2020 by Natália Fontes Garcia

Coordenação Editorial
Isabel Valle

Ilustrações
Natália Fontes Garcia

Capa e projeto gráfico
Luiza Chamma

Copidesque
Carla Branco

Editoração Eletrônica
Leandro Collares | Selênia Serviços

G216s

Garcia, Natália Fontes, 1983-
    Sete dias no Butão: o que aprendi sobre felicidade / Natália Fontes Garcia – Rio de Janeiro: Bambual Editora, 2020.
    112 p.

  ISBN 978-65-992195-9-7

  1. História Geral da Ásia. 2. Filosofia oriental. 3. Felicidade. I.Garcia, Natália Fontes. II.Título

                                      950
                                      181
                                    152.42

www.bambualeditora.com.br
conexao@bambualeditora.com.br